DR. LARS GEIGES

WISSENSCHAFTLICHES ARBEITEN

Eine gute Studie erfolgreich verfassen
in nur sieben Tagen

Mit der **Nine-to-Five-Methode**
ohne Stress zum Erfolg

Über den Autor

Dr. Lars Geiges, geb. 1981, ist ausgebildeter Zeitungsredakteur und promovierter Politikwissenschaftler. Seine Dissertation an der Universität Göttingen wurde mit der Note summa cum laude bewertet. Er ist Autor zahlreicher Studien, wissenschaftlicher Aufsätze und Bücher. Nach langjährigen Stationen in der Wissenschaft und in den Medien arbeitet er heute als Referent für Grundsatzfragen in der Niedersächsischen Staatskanzlei und ist dort stellvertretender Referatsleiter.

www.larsgeiges.de

Originalausgabe
Erste Auflage 2023

Lars Geiges
c/o AutorenServices.de, Birkenalllee 24, 36037 Fulda

ISBN Print: 978-3-9825269-0-8

Kontakt:
info@larsgeiges.de
www.larsgeiges.de

Coverdesign & Buchsatz:
Danileoart – www.danileoart.com

Haftungsausschluss

Die Verwendung der Informationen in diesem Buch und die Umsetzung derselben erfolgt ausdrücklich auf eigenes Risiko. Verlag und Autor können für etwaige Unfälle und Schäden jeder Art, die sich bei der Verwendung der Informationen ergeben (z. B. aufgrund fehlender Sicherheitshinweise), aus keinerlei Rechtsgrund die Haftung übernehmen. Haftungsansprüche gegen Verlag und Autor für Schäden jeglicher Art, die durch die Nutzung oder Nichtnutzung der Informationen bzw. durch die Nutzung fehlerhafter und/oder unvollständiger Informationen verursacht wurden, sind ausgeschlossen. Der Inhalt dieses Werkes wurde mit größter Sorgfalt erstellt und überprüft. Verlag und Autor übernehmen keine Haftung für die Aktualität, Richtigkeit und Vollständigkeit der Inhalte des Buches, ebenso nicht für Druckfehler. Es kann keine juristische Verantwortung sowie Haftung in irgendeiner Form für fehlerhafte An-gaben und daraus entstandenen Folgen vom Verlag bzw. Autor übernommen werden

Inhaltsverzeichnis

EINLEITUNG: Was Dir dieses Buch bietet

Als ich in den frühen 2000er-Jahren angefangen habe zu studieren, hatte ich von Begriffen wie „Operationalisierung“, „Epistemologie“ oder auch bloß „Feldforschung“ noch nicht einmal gehört. Ich meine das ganz buchstäblich: Ich kannte diese Wörter nicht. Sie waren für mich völlig fremd. In etwa so, als wenn Du ein Land bereist, dessen Sprache Du noch nie zuvor gehört hast.

Knapp 20 Jahre später blicke ich zurück auf eine Zeit in der Wissenschaft, in der ich eine Doktorarbeit verfasst habe, die mit der Note summa cum laude bewertet wurde, in der ich als wissenschaftlicher Mitarbeiter geforscht und gelehrt, mehrere Bücher, Aufsätze und Artikel verfasst habe sowie zahlreiche Studierende auf ihren Wegen begleiten konnte und durfte. Veröffentlicht habe ich in wissenschaftlichen Fachzeitschriften und Fachverlagen, aber immer auch in Publikumsverlagen, Zeitungen und Onlinemedien. Als Redakteur habe ich viele Jahre für eine wissenschaftliche Zeitschrift gearbeitet, als ausgebildeter Journalist für diverse Medien. Heute bin ich als Grundsatzreferent in der Niedersächsischen Staatskanzlei tätig, wo die Analyse wissenschaftlicher Studien mein täglich Brot ist, und unterrichte nebenher als Lehrbeauftragter.

Gerne lade ich Dich ein: Profitiere von meinen Erfahrungen als Forscher und Dozent! Vermeide Fehler, die ich entweder selbst begangen habe oder bei Studierenden korrigieren musste. Stelle Weichen für Deine berufliche Zukunft, indem Du lernst, wissenschaftlich zu arbeiten, und fahre ab jetzt konstant gute Noten ein. Es wird sich nicht nur für Dein Studium und für Deinen späteren Berufsweg auszahlen: Wissenschaftlich zu denken, zu lesen und zu schreiben, bereichert Dein Leben und Deine Arbeit.

Aber Schritt für Schritt – im ersten Teil des Buches lernst Du zunächst die **Grundlagen aus der Praxis** kennen:

- Weshalb vielen Studierenden das wissenschaftliche Arbeiten so schwerfällt und was sich dagegen tun lässt.
- Was die häufigsten Fehler beim Verfassen wissenschaftlicher Arbeiten sind und wie sie sich vermeiden lassen.
- Was Prüfer erwarten und nach welchen Kriterien sie Deine Arbeit bewerten.
- Was die Grundlagen des wissenschaftlichen Arbeitens sind und wie Du sie einhältst.
- Wie sich nachhaltiger Erfolg einstellt und Du für Deine berufliche sowie persönliche Entwicklung profitierst.
- Was genau ein wissenschaftliches Mindset ausmacht und wie Du es Dir aneignest.

Welche großen Vorteile die Fähigkeit des wissenschaftlichen Arbeitens für Deine weitere berufliche Entwicklung hat.

Im zweiten Teil des Buches gebe ich Dir eine Soforthilfe an die Hand: den **Sieben-Tage-Notfallplan mit der Nine-to-five-Methode**.

Der Plan erfüllt folgende Bedingungen vollumfänglich. Er ist ...

- wissenschaftlich korrekt.
- sofort umsetzbar.
- ohne großes Vorwissen nachvollziehbar.
- klar strukturiert.
- pragmatisch und ergebnisorientiert.
- für kreative Forschung ausreichend offen.
- einfach und verständlich formuliert.
- fächerübergreifend verwendbar.

Du kannst also direkt loslegen!

Der Plan wird Dir helfen, in sehr kurzer Zeit eine gute Studienarbeit anzufertigen. Er gibt Dir eine Anleitung an die Hand, mit der Du arbeiten kannst, ohne Dich in zu viel Material zu verlieren. Schritt für Schritt und leicht zugänglich erarbeitest Du Dir entlang des konkreten Plans Deine Studienarbeit – effizient, strukturiert und ohne Stress. Du kannst Dir dann anschließend die Zeit nehmen, Dich mit den Grundlagen des wissenschaftlichen Arbeitens nachträglich zu beschäftigen (wozu ich Dir doppelt und dreifach rate!).

Wenn Du den Plan Punkt für Punkt umsetzt und die Arbeitsanweisungen befolgst, dann garantiere ich Dir ...

- dass Du eine gute Note auf Deine Arbeit erhältst.
- dass Du weniger Stress hast.
- dass Du trotz Deiner Arbeit Zeit für Freizeit und Freunde hast.
- dass es Dir künftig leichter fallen wird, wissenschaftliche Arbeiten zu schreiben.
- dass Du lernst, den Plan ebenfalls auf größere Arbeiten wie Bachelor- oder Masterarbeiten übertragen und anwenden zu können.
- dass Du Klarheit in Deinem Vorgehen erhältst.
- dass Du fokussiert, ruhig und konzentriert wirst arbeiten können.
- dass Du Freude am wissenschaftlichen Arbeiten hast.

Es gibt keinen Grund zu warten. Fang jetzt an, erfolgreich wissenschaftlich zu arbeiten!

Nur eins noch vorab: Dieses Buch richtet sich vor allem an die übergroße Zahl derjenigen Studierenden, die – so wie ich – nicht unbedingt vorhaben, ihr Leben lang ausschließlich an einer Universität zu arbeiten. Es ist insbesondere für diejenigen, die schlichtweg einen guten akademischen Abschluss anstreben. Es ist für diejenigen, die das solide Handwerkszeug des wissenschaftlichen Arbeitens lernen möchten – nicht mehr, aber ganz gewiss auch nicht weniger. Es ist für diejenigen, die eher wenig Interesse an akademischen Debatten über die korrekte methodische Anwendung triangulatorischer Verfahren in der empirischen Sozialforschung verspüren, sondern handfeste Tipps für ihren Weg suchen. Das ist der Pragmatismus, von dem ich überzeugt bin und der dieses Buch leitet. Gute Lektüre!

Hannover, im Januar 2023

Hinweis: Aus Gründen der besseren Lesbarkeit werden in diesem Ratgeber größtenteils männliche Formen verwendet, die jedoch für alle Geschlechter gelten sollen.

PS: Hilfe? Nachfragen? Kritik? Du kannst mir gerne schreiben. Ich freue mich, von Dir zu hören: per E-Mail unter info@larsgeiges.de oder über www.larsgeiges.de.

BETREUT, aber trotzdem lost – warum es vielen Studis geht wie Lena

Es musste irgendetwas mit der jungen Frau passiert sein, die an diesem Donnerstagmorgen in meinem Büro steht und mir mit leiser Stimme einen dünnen „Guten Morgen" wünscht. Nennen wir sie „Lena". In den Wochen zuvor ist Lena in meinem Seminar durchweg selbstbewusst und zielstrebig aufgetreten, hat gerne und regelmäßig das Wort ergriffen, hat Fragen gestellt und eifrig mitgeschrieben. Eine Studentin, die nicht bloß teilgenommen, sondern ernsthaft interessiert gewesen ist – am Stoff, an den Wortmeldungen ihrer Kommilitonen, an dem, was ihr Dozent versucht hat zu vermitteln. Gründlich hat sie ein Referat ausgearbeitet, es weitgehend frei gehalten und dabei überzeugt. Keine Frage, Lena ist eine Leistungsträgerin des Seminars gewesen. Eine Aspirantin für einen Abschluss mit Bestnoten, so mein Eindruck. Dass sie in meinem Seminar zudem eine Hausarbeit verfassen wollte, hat mich nicht gewundert. Es habe für sie ohnehin früh festgestanden, zu sehr interessiere sie sich für das Thema – und wer weiß, vielleicht wolle sie später in diesem Bereich auch ihre Bachelorarbeit schreiben. Sie habe so viele Ideen.

Während sie mein Seminar noch als eine Art Tankstelle für gute Anregungen empfunden hat, ist ihr außerhalb des kleinen funktionalen Unterrichtsraums im vierten Stock eines grauen 70er-Jahre-Baus ganz offensichtlich der Sprit ausgegangen. Müde und geknickt tritt Lena in mein Büro. Unter ihrem Arm trägt sie ein Bündel abgegriffener Blätter, bedrucktes Papier, das mit Klebemarkierungen gepflastert ist. Später wird sie mir einige Seiten daraus vorlegen: Ausdrucke mit einzelnen Textteilen, losen Zitatsammlungen, einigen Kommentaren und zusammenhanglosen Überschriften, mit Textmarkern bearbeitet. Die Seiten hat sie mit handschriftlichen Notizen versehen und zwar in allen Farben, die der Regenbogen bietet. Am Rand des

Konvoluts habe ich einzelne Anmerkungen von ihr entziffern können: „Ist doch Quatsch!!!", „absolut wichtig", „später noch checken!" und „really?". Zur Sprechstunde angemeldet hat sie sich mit einer kurzen Mail an mich: Sie müsse dringend mit mir sprechen. Es handele sich um einen Notfall. Sie überlege ernsthaft, die Hausarbeit fallenzulassen. Ob ich mir vielleicht einmal anschauen könne, was sie bisher so habe.

Lena nimmt auf meinem Besucher-Bürostuhl Platz, sitzt mir gegenüber und atmet tief aus. Sie könne schlichtweg nicht mehr. Sie wisse weder ein noch aus. Sie finde kaum mehr Schlaf – und wenn sie schlafe, dann verfolge die Hausarbeit sie in ihren Träumen. Sie habe zig Dokumente und Mitschriften angelegt, Gliederungen entwickelt und wieder verworfen, einzelne Passagen begonnen zu schreiben, aber es passe alles nicht zusammen. Wo genau sie anfangen solle, wisse sie nicht – beziehungsweise nicht mehr. Aus ihrer Idee für eine Hausarbeit sei ein Brei geworden, der ihre Gedanken verklebe, mittlerweile ungenießbar geworden sei und sie vor dem Hintergrund des drohenden Abgabedatums regelrecht krankmache.

Der Begriff „Sprechstunde" ist traurigerweise treffender denn je. Statt des akademischen Austausches über Forschungsfrage und Operationalisierung rücken zunehmend psychische Aufbauarbeit und mentale Unterstützung ins Zentrum der Gespräche zwischen Studierenden und Lehrenden. Mögen Zuspruch und Ansporn noch vom wissenschaftlich lehrenden Personal geleistet werden können, gilt das für den Umgang mit Krankheitsbildern selbstverständlich nicht mehr. Diese sind längst keine Seltenheit mehr, sondern universitärer Alltag in den Seminarräumen und Hörsälen, wenn man auf Studien blickt. Etwa ein Drittel der Studierenden im ersten Studienjahr hat oder entwickelt mittelschwere bis schwere Angstzustände oder Depressionen. Das hat die Psychologin Kiera Louise Adams von der Universität Oxford Ende 2021 herausgefunden, indem sie kanadische und US-amerikanische Studierende befragte. Dabei handelt es sich mitnichten um ein Einzelphänomen auf der anderen Seite des Atlantiks. Bereits 2013 wurde bei 21,4 Prozent der Studierenden in Deutschland eine psychische Erkrankung diagnostiziert. Die Betroffenen litten am häufigsten unter einer Depression. Seinerzeit ist das bereits ein Anstieg um 4,3 Prozent im Vergleich zu 2009 gewesen, wie aus dem Gesundheitsreport der Techniker Krankenkasse hervorgeht. Die Zahlen sind seither konstant gestiegen.

Insbesondere die Corona-Pandemie hat vielen Studierenden stark zugesetzt. Genauer formuliert: Unter den Folgen der Maßnahmen zur Pandemiebekämpfung haben sie gesundheitlich gelitten und weniger unter dem SARS-CoV-2 selbst. Mehr als die Hälfte der Studierenden in Deutschland und Österreich (52 Prozent) haben Anfang 2022 den eigenen psychischen Gesundheitszustand als nicht gut oder schlecht bewertet, wie ein Mental-Health-Barometer von Studo gezeigt hat, einer weitverbreiteten Service-App für Studierende, und Instahelp, einer Onlineplattform für psychologischen Beratungsdienst. Zwei von fünf Studierenden merken den Einfluss von Corona stark oder sehr stark in ihrer Studienleistung, sie fühlen sich etwa beim Absolvieren von Prüfungen beeinträchtigt. Für 36 Prozent ist der Mangel an sozialen Kontakten ein Problem, 35 Prozent haben psychische Probleme, 32 Prozent leiden unter Prüfungsangst, 30 Prozent macht die Einsamkeit zu schaffen. Die dauerhafte Onlinelehre hat für zusätzlichen Stress in einem von den Studierenden ohnehin bereits als belastend wahrgenommenen Unialltag gesorgt: Das Deutsche Studentenwerk hat Anfang 2022 davon gesprochen, dass seine psychosozialen Beratungen regelrecht überrannt würden. Die Studierenden litten unter der fehlenden Präsenzlehre, Vereinsamung, digitaler Isolation und depressiven Verstimmungen. Zudem wird eine hohe Dunkelziffer vermutet. Da für viele das Thema schambehaftet sei, blieben viele Studierende den Hilfsangeboten fern. Die Bilanz jedenfalls ist erschütternd und die Zahlen sprechen für sich: Lena ist bei weitem kein Einzelfall.

Abgrenzungen sind schwierig vorzunehmen. Wo beginnen Prüfungs- und Versagensangst, wo Existenzangst? Wobei handelt es sich „nur" um Stress und Überforderung? Was sind lediglich Herausforderungen, was bereits Belastungen? Fragen wie diese sollen hier nicht weiter erörtert werden. Nicht, weil sie unwichtig wären, sondern aus Pragmatismus. Denn der Studentin Lena helfen Diagnosen dieser Art kurzfristig nicht weiter. Sie braucht konkretere Unterstützung beim Verfassen ihrer Hausarbeit.

Es ist nicht so, dass die Universitäten mit ihren Einrichtungen untätig gewesen wären, Studierenden wie Lena passende Angebote zu machen. Das Gegenteil ist richtig. Kaum mehr zu überschauen sind die diversen Hilfestrukturen an, in und neben den Universitäten und Fachhochschulen, die das Leben und die Arbeit der Studierenden verbessern sollen. Um es an nur einem Beispiel zu illustrieren: Die Universität Heidelberg bietet im Wintersemester 2022/2023 folgende Workshops an: „Entspannt ins Semester starten", in dem man Strategien erlernt, „wie Sie konstruktiv mit Stress umgehen können und wie Sie im Alltag Erholung finden und neue Kraft tanken"[1]. Außerdem den Workshop „Heute lege ich los! Aufschieben war gestern", in dem gelernt werden soll, die „eigene Prokrastination und deren Gründe zu reflektieren"[2] und man befähigt wird, „ein eigenes, motivierendes Ziel" und „Strategien im Umgang mit Störungen zu entwickeln". Weitere Veranstaltungen der Studienberatung starten zu den Themen „Relax! Stress konstruktiv bewältigen" (einschließlich Entspannungstechniken und Aktiv-Pause-Übungen), „Prüfungsstress: Wie gehe ich damit um?", „Die Macht der Gewohnheit: Mit dem Habit Tracker zur neuen (Lern)Routine", „Selbstsicher und gelassen auftreten – ein Selbstbehauptungstraining" und „Lerncoaching – voneinander und miteinander lernen".[3] Hinzu kommen – nicht nur in Heidelberg, sondern letztlich überall – fachliche Angebote wie Seminare, Tutorien und Workshops beispielsweise zum Thema „Datenbankrecherche", zur Einführung in das wissenschaftliche Arbeiten, zur Literaturarbeit und zu unzähligen weiteren Fragen rund um den Studienerfolg. Die Dichte von Schreibschulen, Schreibcoachings und Schreibmentorings ist so hoch

1 https://www.uni-heidelberg.de/de/studium/service-beratung/entspannt-ins-semester-starten

2 https://www.uni-heidelberg.de/de/studium/service-beratung/heute-lege-ich-los-aufschieben-war-gestern

3 https://www.uni-heidelberg.de/de/studium/service-beratung/workshops-stark-im-studium-wintersemester-202223

wie noch nie zuvor. Der außeruniversitäre Markt, auf dem selbstständige Schreibschulen, freie Autoren und Lehrer akademische Dienstleistungen anbieten, wird zunehmend größer (und profitabler). Zudem ist die Sensibilität für Stress und psychische Belastungen der Studierenden zu keinem Zeitpunkt so ausgeprägt gewesen wie in der Gegenwart. Und dennoch: Jeder dritte Studienanfänger schmeißt hin.

Richtig ist, dass die Gründe für einen Studienabbruch divers sind. Diejenigen, die ohne Abschlusszeugnis die Hochschule verlassen, mögen zum Teil andere Motive als Prüfungsdruck und Leistungsstress anführen, haben mitunter einen lukrativen Quereinstieg in den Beruf geschafft. Richtig ist aber auch, dass seit langem sehr gut bekannt ist, was den Studierenden zu schaffen macht, worunter sie leiden und was jeweils die Gefahr des Studienabbruchs in sich trägt.

So haben im 13. Studierendensurvey, dessen Daten aus dem Wintersemester 2015/16 stammen, die Befragten ausführlich von ihren Schwierigkeiten und Belastungen berichtet. Die größten Probleme haben Studierende unter anderem mit den leistungsbezogenen Aspekten des Studiums wie der Prüfungsvorbereitung (50 Prozent) und den Leistungsanforderungen (47 Prozent). Aber auch die Planung des eigenen

Studiums bereitet vielen Befragten Schwierigkeiten (48 Prozent). Neben diesen Bereichen berichten die Hochschüler des Weiteren von Problemen, schriftliche Arbeiten anzufertigen (43 Prozent), sich an Diskussionen zu beteiligen (39 Prozent) sowie eine eigene Orientierung in den Fachinhalten zu finden (40 Prozent). Schwierigkeiten sind Herausforderungen, Belastungen sind Stress. Solche Belastungssituationen erleben die Hochschüler vor allem vor Prüfungen und aufgrund von Leistungsanforderungen: Jeweils 76 Prozent aller Studierenden fühlen sich dadurch eher bis stark belastet. Aber auch die finanzielle Lage (50 Prozent), die eigene Erwerbsarbeit (45 Prozent) und persönliche Probleme (43 Prozent) beschäftigen einen Großteil der Studierenden in stärkerem Maße. Die Hälfte von ihnen kennt Prüfungsangst (53 Prozent), 25 Prozent stimmen der Aussage „vor Prüfungen habe ich meistens Angst" sogar voll und ganz zu. 42 Prozent haben bereits einen Blackout während einer Prüfung erlebt und das Gelernte vor Aufregung vergessen. Auf 17 Prozent der Befragten trifft das voll und ganz zu. Ein großer Teil der Studierenden äußert außerdem die Sorge, das Studium nicht zu schaffen (45 Prozent). Dabei berichten Studentinnen im Vergleich zu ihren männlichen Kommilitonen insgesamt häufiger von Sorgen und Ängsten bezüglich ihres Studiums. Sie leiden mehr unter Prüfungsangst (63 Prozent zu 39 Prozent) und vergessen in Prüfungen häufiger zuvor Gelerntes (46 Prozent zu 36 Prozent).

All dies ist seit langem bekannt, und die Sorgen und Ängste der Studierenden nehmen eher zu. Sie tun dies trotz eines größer werdenden Beratungs- und Hilfsangebots – zumal, wenn man den freiwirtschaftlichen Markt von Coaches und Lehrwerkstätten mit hinzunimmt. Vielleicht wachsen die Unsicherheiten aber auch gerade wegen des riesigen Angebots, das in der Summe womöglich mehr Unklarheiten und Unsicherheiten produziert, als den Studierenden gangbare Pfade aufzuzeigen. Unabhängig davon erscheint recht deutlich: Im Bereich der Studienberatung herrscht kein quantitatives Problem, sondern ein qualitatives.

Selbst das ist wohl noch zu pauschal. Denn wer die zahlreichen Bücher und Handreichungen zum Thema „wissenschaftliches Arbeiten" durchsieht, dem fallen gute und sehr gute Beispiele auf (neben vielen schlechten). Es mangelt anscheinend an der Passgenauigkeit. So wie bei der Studentin Lena.

Lena berichtete mir, dass es ihr sehr schwergefallen sei, sich in der Menge an Informationen zurechtzufinden. Alles, was sie las, erschien ihr interessant und bedeutend zugleich. Sie hat sich Ratgeber über das wissenschaftliche Arbeiten besorgt, die sie aber zu unspezifisch fand, die keine ansprechende Struktur aufwiesen oder die nicht von Personen aus dem wissenschaftlichen Betrieb geschrieben worden sind. Diejenigen Ratgeber jedoch, die von aktiven Forschern verfasst wurden, fielen ihrer Meinung nach zu theoretisch aus. Die Folge in Lenas Fall: Die Lektüre von Hinweisbroschüren und Büchern zum Thema „wissenschaftliches Arbeiten" hat ihre Konfusion nur noch weiter gesteigert. Ein klarer Schnitt ist überfällig gewesen.

Das Gespräch mit Lena in meiner Sprechstunde hat nicht allzu lange gedauert. Die allermeisten ihrer Notizen haben wir verworfen. Lediglich das Oberthema haben wir beibehalten. Auch mit ihr – wie mit so vielen anderen Studierenden – habe ich entlang eines stringenten Plans gearbeitet. Schritt für Schritt sind wir ihn durchgegangen. Eingestimmt habe ich sie auf einige sicherlich anstrengende, aber keineswegs erschöpfende Tage. Mit jeder Minute, die wir gesprochen haben, ist in ihr mehr und mehr die Zuversicht zurückgekehrt. Da sie nun einen konkreten Leitfaden besaß, fiel es ihr leichter, sich aufzurichten und neu zu motivieren. Plötzlich hat sie eine Anleitung in der

Hand gehalten, die ihr Sicherheit gegeben hat. Vergessen konnte sie nun sämtliche abwegigen Ideen, in denen sie sich verloren hatte. Von jetzt an konnte sie sich voll konzentrieren.

Sieben Tage später erreichte mich Lenas Hausarbeit. Insgesamt 18 Seiten, klar strukturiert, weitgehend fehlerfrei, formal einheitlich. Es handelte sich nicht um eine perfekte Hausarbeit. Das muss eine solche aber auch nicht sein. Das erwartet niemand. Wohl aber hat Lena eine gute und kompakte Arbeit vorgelegt, in der sie auf engem Raum am Beispiel einer spezifischen Fragestellung aus dem Bereich des Seminarthemas nachgewiesen hat, dass sie das Prinzip des wissenschaftlichen Arbeitens und seine Grundlagen verstanden hat und umzusetzen in der Lage ist. Darum geht es und um nichts anderes. Wenn Studierenden das gelingt, muss die Benotung zwangsläufig im Bereich von „gut" oder „sehr gut" angesiedelt werden. Das gilt über jede wissenschaftliche Fachgrenze hinweg.

Lena ist aber dank ihres Plans noch etwas mehr gelungen als das. Sie hat auch inhaltlich einen interessanten Beitrag geleistet, der sie von der Vielzahl der anderen Studierenden abgehoben hat. Gerade die unteren Semester, zumal, wenn sie auf Betreuung weitgehend verzichten, neigen stark dazu, vermeintlich auf der sicheren Seite zu stehen, indem sie bekannte Standardtexte weitgehend paraphrasieren. Daher erhielt Lena auf ihre Hausarbeit, die sie in sieben Tagen vergleichsweise stressfrei zu Papier gebracht hatte, logischerweise das, was sie verdiente: die Note 1,0.

DARÜBER KLAGEN ALLE DOZENTEN: Die zehn häufigsten Fehler und wie Du sie vermeidest

Für keine Studienarbeit, nicht einmal für eine gute Dissertation, ist es notwendig, das Rad neu zu erfinden. Was ausnahmslos jede solide Studienarbeit im Kleinen wie im Großen charakterisiert, ist rasch beschrieben: gutes Handwerk. Es braucht ein greifbares Thema, eine eindeutige Fragestellung, eine sinnvolle methodische Herangehensweise, einen klar zu erkennenden roten Faden im Aufbau und im Vorgehen, eine angemessene Sprache sowie ein schlüssiges Fazit, das die Antworten und Arbeitsergebnisse diskutiert. Nicht mehr, aber auch nicht weniger. Es ist ein Ziel dieses Buches, immer wieder auf diese goldenen Standards des wissenschaftlichen Arbeitens zu verweisen. Sich an ihnen zu orientieren, muss in die richtige Richtung führen. Oder anders formuliert: Oft wird es darum gehen, wie Du – zumal, wenn Du unter Zeitdruck stehst – konsequent unnötige Arbeit vermeidest. Daher sollte Deine erste Strategie auf dem Weg zu einer gelungenen Studienarbeit darin bestehen, unnütze Fehler zu vermeiden.

Das Problem an der Sache ist, dass viele Studierende oftmals gar nicht so genau sagen können, was zur schlechten Bewertung ihrer Arbeit geführt hat. Nicht selten haben Dozenten zu wenig Zeit für eine ausführliche Rückmeldung – oder sind nicht gewillt, sie sich zu nehmen. Das führt dazu, dass ein Lerneffekt ausbleibt und Fehler wiederholt werden, was aus der Perspektive der Dozierenden ebenfalls unbefriedigend ist.

Das ist ärgerlich, da sich die Hauptkritikpunkte, an denen sich die Prüfer von Studienarbeiten am meisten stören, sehr klar benennen lassen. Da sie, also die Dozenten, Dir die Noten geben, sind ihre Stimmen zwingend zur Kenntnis zu nehmen. Auf dem Weg zu Deiner guten Studienarbeit sind sie essenziell. Also gehe diese Liste genau durch. Alle genannten Fehler sind unbedingt zu vermeiden, bevor Du anfängst, auch nur über eine Bestnote nachzudenken. Zum Teil wirken sie banal, genauso wie das jeweilige Mittel zur Vermeidung dieser Fehler, das alles andere als aus dem Reich der Raketenwissenschaften stammt – und doch sind es Fehler, die immer und immer wieder begangen werden. Sei Du eine Ausnahme. Vermeide alle der unten aufgeführten Fehler, und Du wirst dem Gutachter Deiner Arbeit ein Lächeln ins Gesicht zaubern, das sich auf die Benotung auswirkt.

FEHLER 1: Die Studierenden lesen zu wenig und beziehen sich nicht auf die Literatur

Die Gutachter stören sich daran, dass Du in Deiner Arbeit nicht nachgewiesen hast, dass Du die wichtigste Literatur zu Deinem Thema kennst, wahrgenommen und berücksichtigt hast. Es steht der Vorwurf im Raum, dass Du Dich offenbar nicht für das Thema interessierst, andernfalls würdest Du Dich mit den einschlägigen Autoren und ihren Werken beschäftigt haben. Der wissenschaftliche Wert Deiner Arbeit sinkt dementsprechend stark.

Erklärung: Wissenschaftliche Arbeiten stehen immer mit anderen wissenschaftlichen Arbeiten in Verbindung. Sie entstehen nicht im luftleeren Raum. Vielmehr ist es ein Qualitätsmerkmal, dass wissenschaftliche Arbeiten aufeinander Bezug nehmen, einander ergänzen, korrigieren oder bestätigen.

Gegenmittel: Du musst die wichtigste Literatur, die bedeutendsten Studien, aber vor allem die grundlegenden Bücher zu Deinem Thema in Deiner Arbeit auftauchen lassen. Recherchiere die drei bedeutsamsten Forscher, kenne die Namen ihrer wesentlichen Werke und vermeide so diesen Fauxpas. Am besten geht das mittels einer klugen Fußnote bereits früh in der Einleitung. In die Fußnote schreibst Du beispielsweise: „Wissenschaftlich grundlegend und vielfach zitiert worden zu dieser Thematik sind die Arbeiten von Meier (1986), Müller (2002) und Schulze (2014)". Auf eines dieser Standardwerke gehst Du im Fazit erneut ein, indem Du Dich fragst, inwiefern das Ergebnis Deiner Studienarbeit die Ergebnisse dieses Standardwerkes bestätigt, widerlegt oder ergänzt. Du schreibst beispielsweise einen Satz wie: „Obwohl es nicht das primäre Ziel der Arbeit war, konnte gewissermaßen als Nebenergebnis zutage gefördert werden, dass die bereits von Meier (1986) formulierte These in dieser Studienarbeit ihre Bestätigung fand."

FEHLER 2: Die Studierenden formatieren ihre Arbeiten schlecht und ihr Text enthält Fehler

Der Vorwurf lautet Gleichgültigkeit. Ebenso liegt der Verdacht der Überforderung nahe. Beides wiegt schwer. Die Studierenden geben Rohfassungen ab, beherrschen offenbar die Rechtschreib- und Zeichensetzungsregeln nicht und/oder haben ihren Text nicht Korrektur lesen lassen. Offenkundig ist ebenso wenig eine Rechtschreibkontrolle zum Einsatz gekommen. Die Prüfer müssen zwangsläufig zu dem Schluss kommen, dass das Geschriebene nicht noch einmal durchgelesen wurde. Vielleicht aus Gleichgültigkeit? Gar aus Desinteresse? Oder mangelt es dem Verfasser der Arbeit etwa an den notwendigen Lese- und Schreibkompetenzen? Wenn aber bereits die Studierenden eine solche Leidenschaftslosigkeit gegenüber ihrer eigenen Arbeit zeigen, weshalb sollte sich der Gutachter über Gebühr anstrengen, um bei der Benotung das Maximum herauszuholen?

Erklärung: Form und Inhalt sind nicht voneinander zu trennen. Formale Fehler ziehen oft inhaltliche Fehler (mindestens aber Ungenauigkeiten) nach.

Gegenmittel: Mach es dem Gutachter so leicht wie möglich, Deine Arbeit von vorne bis hinten angenehm zu lesen. Eine einheitliche Zitierweise, eine leserfreundliche Formatierung und ein fehlerfreier Text sind dafür unabdingbar. Die äußere Pflege Deiner Arbeit ist von Bedeutung und vergleichsweise leicht durchzuführen. Beherrschst Du die Kommasetzung nicht so gut? Such Dir Hilfe! Hast Du keine Zeit, Deine Arbeit zu formatieren? Finde jemanden, der es für Dich tut! Hast Du keine Lust, Deinen Fußnotenapparat zu vereinheitlichen? Lass es jemand anderen für Dich machen! Falls Du unter Deinen Kommilitonen niemanden hast, der diese Aufgaben für Dich übernehmen könnte, findest Du für wenig Geld eine Vielzahl von Dienstleistungsangeboten online, die Dir in kurzer Zeit und für wenig Geld helfen können.

Eine Investition, die sich lohnt. Bedenke, dass in diesem Vorwurf für Dich eine Chance steckt. Wer an Hochschulen hauptberuflich unterrichtet, ist professioneller Leser. Die Wahrscheinlichkeit ist also sehr groß, dass Dozierende sofort erkennen (und positiv bewerten), wenn Deine Arbeit fehlerfrei und leserfreundlich formatiert daherkommt. Du hebst Dich damit bereits von der Masse ab.

FEHLER 3: Die Studierenden zitieren nur Lehrbücher und Lexika, aber zu wenig beziehungsweise keine Fachliteratur und Fachaufsätze

Die Prüfer sehen bereits mit einem Blick auf Dein Literaturverzeichnis, welcher Quellen Du Dich bedient hast, auf welchen Büchern, Studien, Artikeln und Texten Deine Arbeit fußt. Sind darunter Überblicksbände, Handbücher und Lexikonbeiträge, fällt das auf. Sind sie Hauptquellen, aus denen Du in Deiner Arbeit zitierst, führt das beim Gutachter zum Schluss, dass Du Dich nicht mit der gebotenen inhaltlichen Tiefe mit Deinem Thema beschäftigt haben kannst, andernfalls hättest Du nicht Quellen wie Handbücher und Lexika zentral herangezogen, die (lediglich) Nachschlagewerke und Überblicksdarstellungen sind.

Erklärung: Da das Schreiben von Büchern (leider) eine zunehmend geringere Rolle in den Wissenschaften spielt, in manchen Fachbereichen sogar kaum mehr relevant ist, ist die Monografie zwar noch nicht verschwunden (gut so), aber Aufsätze in Fachzeitschriften und Sammelbänden dominieren die verschriftlichte Forschungslandschaft. Deine Studienarbeit muss diesen Aspekt widerspiegeln.

Gegenmittel: Nutze Handbücher und Lexika zum Einstieg und zur ersten Orientierung, zitiere aus ihnen aber nur dann, wenn sie selbst Untersuchungsgegenstand Deiner Arbeit sind. Um Dir dafür ein Beispiel zu nennen: Wenn Du eine Arbeit mit dem Titel „Sprache im Wandel der Zeit – eine Analyse ausgewählter Einträge im Duden-Lexikon der Jahre 1985 bis 1995" anfertigst, musst Du zwingend mit den entsprechenden Lexika-Ausgaben arbeiten (als Primärquelle). Als Sekundärquelle solltest Du sie hingegen vermeiden. Faustregel: Verzichte auf Lexika und Handbücher jedweder Art, wenn sie für die Beantwortung Deiner Forschungsfrage nicht einen ganz direkten und unmittelbaren Beitrag leisten.

FEHLER 4: Die Studierenden zitieren unwissenschaftliche Quellen und/oder schreiben ab, ohne die Quelle anzugeben

Der Prüfer rümpft die Nase und notiert am Rand Deiner Arbeit Bemerkungen wie „Journalistisch!", „Kein echter Beleg!" oder „Wikipedia-Wissen!?". Der Vorwurf lautet, dass Du nicht korrekt wissenschaftlich arbeitest, da Du Dich der „falschen" Quellen bedienst.

Erklärung: Meistens sind es weniger die falschen Quellen als der falsche Umgang mit ihnen, der Kritik auslöst. Denn grundsätzlich kann keine Quelle wissenschaftlich rundheraus „falsch" sein. Sie kann jedoch falsch ausgewählt und falsch verwendet werden. Dies ist dann der Fall, wenn die Quelle nicht das belegt, was Du schreibst, beziehungsweise wenn Du als Autor nicht deutlich gemacht hast, dass Du die Herkunft der Quelle kennst und bewertet hast.

Gegenmittel 1: Zeige, dass Du in der Lage bist, Deine Quellen zu gewichten. Ein Wikipedia-Eintrag kann niemals die Beweiskraft eines Peer-Review-Artikels haben. Zugleich ist eine Studienarbeit, die ausschließlich aus Fachaufsätzen besteht, nicht automatisch wissenschaftlicher. Du kannst und solltest diejenigen Quellen benutzen, die zur Beantwortung Deiner Forschungsfrage bestmöglich beitragen. Sind das überwiegend journalistische Arbeiten, dann ist das ein Ergebnis Deiner Forschung (das für Deinen Dozenten unter Umständen überaus interessant sein könnte).

Prüfer klagen auch darüber, dass Studierende Arbeiten abgeben, in denen sehr wenige Quellen angeführt werden oder in denen lange inhaltliche Textpassagen gänzlich ohne Verweise präsentiert werden. Der Prüfer wird umgehend stutzig und fragt sich, woher der junge Studierende das Wissen nimmt, das er im Text ausbreitet.

Manchmal aus Zeitdruck, manchmal aus Bequemlichkeit, manchmal aus Naivität – wie dem auch sei, die Gründe für diesen Fehler sind dem Dozierenden schlussendlich völlig egal: Abschreiben ist ein Kardinalfehler und der schnellste und sicherste Weg, um durchzufallen. Ändern sich Schreibstil und Wortwahl im Text abrupt und sogar mehrfach, fällt das sehr stark auf und erregt umgehend Misstrauen. Hat sich der Plagiatsverdacht erst einmal eingeschlichen, wird der Prüfer ihm nachgehen. Eine besondere Art des Abschreibens ist das Ghostwriting. Du bezahlst für einen Text, den jemand, ein Ghostwriter, für Dich schreibt und den Du dann unter Deinem Namen abgibst. Zahlreiche Agenturen und Einzelpersonen bieten diese Dienste an, oft in Form von „Coachings" oder „Intensivberatungen". Selbstverständlich ist auch das eine unerlaubte Verwendung fremden geistigen Eigentums und damit ein Plagiat.

Diverse Suchprogramme machen das Auffinden von Plagiaten einerseits einfacher. Andererseits werden KI-gestützte Sprachprogramme, die zur Texterstellung benutzt werden können, immer besser und erschweren das Erkennen von Plagiaten zunehmend. Damit steigen die Möglichkeiten, sich komfortabel durch sein Studium zu fälschen.

Gegenmittel 2: Zitiere, verweise und belege ausnahmslos immer! Stelle Dir am besten Deinen Dozenten als allwissenden Leser vor, der jede Quelle, die Du für Deine Arbeit nutzt, bestens kennt. Wer plagiiert, betrügt. Das Plagiat ist das wohl schlimmste wissenschaftliche Vergehen und wird zu Recht hart bestraft. Schreibe niemals ab! Schreibe immer selbst!

FEHLER 5: Die Studierenden schreiben Banalitäten

Einzelne Passagen oder sogar ganze Kapitel stehen nicht im Zusammenhang mit dem Thema der Arbeit. Der Prüfer rätselt, was der Verfasser mitteilen möchte, da Textstellen inhaltlich oberflächlich ausfallen. Studienarbeiten, die eine Vielzahl banaler Textstellen enthalten, fallen meistens ebenfalls dadurch auf, dass falsche oder zu wenige geeignete Quellen herangezogen wurden.

Erklärung: Der Prüfer gewinnt den Eindruck, dass es der Studienarbeit an nötiger Tiefe fehlt und dem Verfasser an fachlicher Kompetenz. Banales Schreiben zeigt, dass sich der Autor zu wenig mit dem Thema beschäftigt hat und dass er (vermutlich aufgrund von zu wenig Lektüre) kein Bewusstsein dafür entwickelt hat, wie Studienarbeiten in seinem Fach seinem Lern- und Wissensstand entsprechend anzufertigen und vorzulegen sind. Teils liegt auch ein falsches Verständnis vor: Manche Studierende meinen, dass sie so schreiben müssten, dass selbst jeder Laie ihre Arbeit von Grund auf an jeder Stelle verstehen können müsste, was zu einer Verzwergung der eigenen Arbeit führt. Das (durchaus positiv gemeinte) Anliegen, verständlich und nachvollziehbar zu schreiben, führt dann zu einer Simplifizierung des Themas. Die Arbeit wird auf diese Weise belanglos.

Gegenmittel: Prüfe und vergewissere Dich, dass Du ausschließlich Inhalte in Deiner Studienarbeit darstellst, die direkt zur Beantwortung Deiner Forschungsfrage einen Beitrag leisten. Nichts wird einfach mal so verfasst, weil es „irgendwie" von Interesse sein könnte. Wer Zeilen schinden will, schadet sich selbst. Lies mehr gut benotete Studienarbeiten von Kommilitonen, damit Du Dir buchstäblich vor Augen führst, wie diese aussehen. Deine Formulierungen müssen in erster Linie treffend sein. Die bessere Verständlichkeit steht dem nach.

FEHLER 6: Die Studierenden schreiben entweder bemüht anspruchsvoll, zu blumig oder zu umgangssprachlich

Die sprachliche Darstellung stimmt nicht. Die Wortwahl ist falsch beziehungsweise in den Augen des Dozierenden unzutreffend und/oder unangemessen. Der Ton entspricht nicht dem Charakter einer wissenschaftlichen Arbeit.

Erklärung: Zu einer großen Hochzeitsfeier in einem Edelhotel kannst Du nicht in Flipflops und Bikini erscheinen. Du würdest damit nicht nur unangenehm auffallen und Braut und Bräutigam blamieren, Du hättest zudem mit der Wahl Deiner Kleidung der versammelten Festgesellschaft Deine Unfähigkeit bewiesen, Dich für diesen sozialen Anlass adäquat zu kalibrieren – erst in zweiter Linie wäre es eine Frage des (schlechten) Geschmacks. Entsprechend ist die Sprache in einer wissenschaftlichen Arbeit keine Frage des Geschmacks, zumindest ist sie das nur zu einem kleineren Teil. Sie ist eher funktional und hat sich Deinem Fachbereich, Deinem Thema und Deiner Forschungsfrage anzupassen wie Deine Kleidung dem Hochzeitsfest. Das heißt jedoch nicht, dass die

Sprache egal wäre, im Gegenteil. Sprache bietet uns die Möglichkeit, mit Worten unseren Gedanken, Bezügen und Interpretationen Ausdruck zu verleihen, die die eigene geistige Leistung deutlich machen, wodurch die persönliche Studienleistung überhaupt erst so richtig in Erscheinung tritt.

Gegenmittel: Wähle eine angemessene Sprache. Das ist leichter gesagt als getan, aber je mehr Du liest, desto sensibler wirst Du. Es gilt, den Stilcode Deiner Zunft zu entschlüsseln. Du sollst ihn nicht kopieren, aber Du musst Dich (zumal als Studierender) anpassen. Such Dir Sprachvorbilder. Erst, wenn Du Sicherheit gewonnen hast, wirst Du bei späteren Studienarbeiten mutiger mit Deiner Sprache sein können. Bis dahin wäre ich mit Metaphern, Sprachbildern, Vergleichen, Einschätzungen und Bewertungen sowie, ganz konkret, mit dem Gebrauch von Adjektiven sehr zurückhaltend.

FEHLER 7: Die Studierenden haben keine beziehungsweise nur eine schlechte Forschungsfrage

Nach der Forschungsfrage schauen die allermeisten Dozenten als Erstes, wenn es um die Durchsicht einer Studienarbeit geht. Und nicht selten können sie bereits sagen, in welchem Bereich sich die finale Gesamtnote einer Arbeit befinden wird, wenn sie nur die Forschungsfrage gelesen haben. Wer keine Forschungsfrage in der Einleitung entwickelt, riskiert durchzufallen. Wer eine zu allgemeine Forschungsfrage aufstellt, was wesentlich häufiger der Fall ist als eine zu spezifische, droht im Gang seiner Untersuchung keine Antworten und im Fazit nur ein achselzuckendes Ich-weiß-es-auch-nicht formulieren zu können.

Erklärung: Die Formulierung einer präzisen Forschungsfrage ist elementar. Sie bestimmt Inhalt, Aufbau und Struktur der gesamten Arbeit. Zahlreiche Folgefehler wie beispielsweise inhaltliche Längen im Text hängen unmittelbar mit einer mangelhaften Forschungsfrage zusammen. Denn diese ist das Herz einer jeden Studienarbeit, das jedes Kapitel durchblutet und am Ende der Arbeit in einer Zusammenfassung oder einem Fazit zusammenläuft. Auf dem Weg dorthin hat es dafür gesorgt, dass wissenschaftlich nährstoffreiche Erkenntnisse zutage gefördert wurden. Ohne eine gute Forschungsfrage ist alles nichts.

Gegenmittel: Je mehr Aussagekraft und Klarheit eine Forschungsfrage besitzt, desto einfacher fällt die

Bearbeitung der Gesamtarbeit. Formuliere also eine klare Forschungsfrage, die im Rahmen des Umfangs Deiner Studienarbeit tatsächlich von Dir bearbeitet werden kann und die Du (zumindest teilweise) durch die Ergebnisse Deiner Arbeit beantworten kannst.

FEHLER 8: Die Studierenden denken nicht über das Geschriebene nach und/oder lesen sich das Geschriebene nicht noch einmal durch

Falsche Bezüge, widersprüchliche Aussagen und unlogische Abschnitte im Text sind Fehler, die die Dozierenden zu dem Schluss kommen lassen, dass der Autor seine Studienarbeit nicht mit der gebotenen Gewissenhaftigkeit und Ernsthaftigkeit verfasst hat. Einzelne Fehler passieren. Es gibt kein Buch, das fehlerfrei ist. Wer jedoch eine Studienarbeit zwischen 10 und 30 Seiten verfasst, darf sich nur wenige Mängel im Text erlauben, ohne dass es die Qualität seiner Arbeit insgesamt herabsetzt.

Erklärung: Es wird erwartet, dass der Verfasser seine Studienarbeit mit Akkuratesse angeht, wozu immer auch ein Lektorat und ein Korrektorat zählen. Wo sich (zu viele) inhaltliche Fehler, falsche Bezeichnungen, kausale Aussagefehler und aus dem Sinn gerissene

Absätze im Text befinden, hat weder das eine noch das andere stattgefunden.

Gegenmittel: Jedes Wort und jeder Satz zählt. Lies Deine Arbeit selbst mehrfach durch und korrigiere sie. Gib Lektorat und Korrektorat anschließend ab. Es ist Deine Studienarbeit. Sie muss Dir gefallen, und Du musst mit ihr komplett einverstanden sein. Oftmals haben Studierende selbst bereits ein Gefühl dafür, wenn ihre Studienarbeit mittelmäßige Passagen enthält. Strebe nicht nach Perfektionismus. Gib Deine Arbeit aber erst dann ab, wenn sie handwerklich fehlerfrei ist.

FEHLER 9: Studierende lesen keine oder zu wenige Ratgeber oder sie nehmen unqualifizierte externe Hilfe in Anspruch

Mangelt es an grundlegendem Wissen über das wissenschaftliche Arbeiten, ist das ein schweres Manko, das sich auf jeder Seite der Studienarbeit bemerkbar macht. Aufbau und Struktur sowie formale Ansprüche werden nicht oder auf eine falsche Weise erfüllt, was zum Vorwurf des Dozierenden an den Studierenden führt, dass sich dieser nicht die Mühe gemacht hat, das ABC des wissenschaftlichen Arbeitens zu erlernen. Wer beispielsweise eine Hausarbeit nicht von einem

Thesenpapier oder einem Essay zu unterscheiden vermag, ist für einen akademischen Abschluss ungeeignet. Umgekehrt ist allerdings ebenso das Phänomen zu beobachten, dass Studierende zu viele Ratgeber gelesen haben und sich vor lauter Vorschlägen und Anweisungen, wie das wissenschaftlich richtige Arbeiten abzulaufen habe, irritieren lassen.

Erklärung: Erwartet wird, dass sich Studierende selbstständig auf den Weg machen, um Antworten auf ihre wissenschaftlichen Probleme zu erhalten. Die Bibliotheken hierzulande sind (online wie offline) hervorragend ausgestattet. Es existieren breite universitäre sowie außeruniversitäre Angebote, aus denen zudem ausgewählt werden kann.

Gegenmittel: Greife auf qualifizierte Unterstützung zurück, aber gib Dich nicht der Illusion hin, dass sich damit Deine Arbeit von allein schreibt. Triff eine Dir passend erscheinende kleine Auswahl aus dem Ratgeber- und Beratungsangebot.

FEHLER 10: Es wird nicht das umgesetzt, was in der Sprechstunde besprochen wurde

Die Studierenden wirken in den Augen des Dozierenden beratungsresistent oder – was vielleicht noch schwerer wiegt – sie erscheinen als nicht dazu in der Lage, das Besprochene in die Tat umzusetzen. Es wird an ihrer allgemeinen Studierfähigkeit gezweifelt.

Erklärung: Wer an Universitäten Studienarbeiten annimmt und bewertet, hat wenig Zeit. Die Zahl der Aufgaben, die Forschende und Lehrende im Hochschulalltag zu bewältigen haben, ist in den vergangenen Jahren immer weiter gestiegen. Zudem ist die Lehrtätigkeit kaum karriereförderlich. Die akademische Welt profiliert sich mit Fachaufsätzen in Fachzeitschriften, nicht mit Hausarbeiten. Obgleich es viele engagierte Dozenten gibt, die motiviert sind, sich viel Zeit für die Beratung und die Begleitung von Studienarbeiten zu nehmen, sind ihre Kapazitäten limitiert. Erleben sie dann im Prüfungsalltag, dass Studierende die geleistete Hilfestellung nicht annehmen, ist das nachvollziehbarer Weise ein Ärgernis.

Gegenmittel: Gehe auf die Lehrenden zu und frage um Rat, aber tu dies dosiert. Für eine einfache Hausarbeit sind nicht mehr als ein bis zwei Sprechstundentermine angemessen. Nutze sie, doch sei gut vorbereitet – habe einen Plan. Dazu gehört, dass Du während der Sprechstunde dem Dozierenden sehr konkrete Fragen stellen kannst, andernfalls wird das Gespräch zu allgemein bleiben und Du vergibst Dir eine gute Chance. Notiere, was Ihr in der Sprechstunde vereinbart habt. Entwickle ein Gespür dafür, worauf der Dozent Wert legt. Bedenke, dass er Dich benotet, also solltest Du seinen Rat und seine Hinweise annehmen, seine Zeit wertschätzen und sich die besprochenen Inhalte in Deiner Arbeit wiederfinden, selbst wenn in dem einen oder anderen Ratgeber gegebenenfalls andere oder alternative Vorgehensweisen vorgeschlagen wurden.

ENDE GELÄNDE – so räumst Du Deine Hindernisse aus dem Weg

Du hast im vorangegangenen Kapitel erfahren, was die häufigsten Fehler sind, die Studierende in ihren Arbeiten machen, und wie sie zu vermeiden sind. Wir wollen nun einen Schritt weitergehen und uns anschauen, worin die Ursachen für diese Fehler bestehen und was Du unternehmen kannst, um sie in den Griff zu bekommen.

Dabei ist es wichtig zu betonen, dass fast immer mehrere Ursachen zugleich vorliegen, die zu fehlerhaften Studienarbeiten führen. Sicherlich ließe sich eine lange Liste mit individuellen Hürden anfertigen. In der Praxis lassen sich allerdings sieben wesentliche Hindernisse feststellen, mit denen Studierende zu kämpfen haben, unter denen sie leiden, die sie zum Teil gar krankmachen. Diese Hindernisse können durchaus miteinander zusammenhängen und gemeinsam auftreten, so dass sie den Studierenden wie große Steine im Weg liegen. Zuweilen haben sie sich verknäult und verstärken sich gegenseitig, was es schwierig macht, ihnen isoliert entgegenzutreten. Es braucht eine ganzheitliche Betrachtung und individuelle Lösungen. Und dennoch hilft es, die sieben häufigsten Hindernisse einzeln zu betrachten, um ihre wesentlichen Merkmale kennenzulernen, damit Du Dich selbst hinterfragen und erforschen kannst, inwiefern sie auf Dich zutreffen.

Es wird also psychologischer, denn es geht um Dich – um Deine Kenntnisse, Fähigkeiten, Werte und Einstellungen, um Deine Arbeitshaltung und um Deine Zielvorstellungen in Bezug auf Dein Studium sowie auf das Lernen insgesamt. Es bleibt aber zugleich praktisch, insofern, als dass Dir im Folgenden eine Reihe von Gegenmitteln vorgestellt wird, die Dir auf Deinem Weg, Dein wissenschaftliches Arbeiten zu verbessern, konkret weiterhelfen können.

Aber Ehrlichkeit ist geboten: Es gibt keinen *quick fix*. Die schnelle Abhilfe, den einen goldenen Tipp, der all Deine Schwierigkeiten auf einen Schlag löst und aus Dir im Handumdrehen einen mühelos schreibenden Wissenschaftler macht, gibt es nicht. Wie man es auch dreht und wendet: Am Ende muss die Arbeit allein verfasst werden, und dafür sind viele Stunden lesend und schreibend aufzubringen – und zwar von Dir!

Für den Erfolg (oder den Misserfolg) bist Du ganz allein selbst verantwortlich. Deiner Arbeit ist es herzlich egal, zu welcher Uhrzeit sie geschrieben wurde. Deinen Prüfer kümmert es wenig, ob Du beim Verfassen Augenringe hattest oder nicht. Ob Du auf Partys verzichtet hast oder nicht, ob Du gesundheitlich angeschlagen warst oder nicht, ob Du viel oder wenig Schreibberatung, gar ein Coaching in Anspruch genommen oder darauf verzichtet hast – es spielt alles keine Rolle für die Beurteilung Deiner Arbeit. Diese Erkenntnis erscheint harsch, schließlich sollten individuelle Rahmenbedingungen berücksichtigt werden, meint man intuitiv, beispielsweise, wenn sich jemand besonders bemüht hat. Bei einer wissenschaftlichen Arbeit zählt – letztlich wie bei jedem geschriebenen Werk – jedoch nur das, was schwarz auf weiß zu lesen ist.

Das ist nicht nur richtig und eine wissenschaftliche Selbstverständlichkeit, sondern eine echte Chance für Dich. Du kontrollierst (ganz überwiegend), was und worüber Du schreibst, wie Du schreibst und wie Du Deine Arbeit strukturierst. Ob Du sie in 24 Stunden verfasst (schlechte Idee) oder in vier Wochen (eine bessere Idee), bleibt Dir überlassen. Für die Bewertung ist es irrelevant. Die Arbeit ist Dein Werk. Erkenne und nutze diese Möglichkeiten. Dafür ist es aber unerlässlich, die vorgelagerten Hindernisse zu beseitigen, die Dich bisher blockiert und den gewünschten Ergebnissen im Weg gestanden haben.

Gehen wir nun auf die sieben größten Hindernisse ein und darauf, wie Du ihnen begegnen kannst.

HINDERNIS 1: Prokrastination

Wer dringend zu erledigende Aufgaben aufschiebt und stattdessen etwas anderes tut, was wissentlich von deutlich geringerer Dringlichkeit ist, der prokrastiniert. Zu unterscheiden ist die Prokrastination allerdings vom Aufschieben. Während das Aufschieben bestimmter Tätigkeiten durchaus eine strukturierende Funktion im Rahmen der eigenen Arbeitsbelastung haben kann, gilt dies für die Prokrastination nicht. Etwas aufzuschieben, kann eine bewusste Entscheidung sein mit dem Ziel, ein besseres Arbeitsergebnis zu erreichen. Die Prokrastination ist hingegen ziel- und strukturlos. Meistens finden Prokrastinierende zahlreiche Entschuldigungen und scheinbar schlüssige Erklärungen für ihre Ausflüchte. Implizit jedoch wissen diejenigen, die prokrastinieren, dass ihr Handeln schädlich für die Erreichung ihrer eigenen Ziele ist. Geringer Lernerfolg, schwache Leistungsfähigkeit und schlechte Noten sind oftmals die Folgen. Und nicht nur das: Prokrastination ist nachweislich schädlich für die Gesundheit. Sie führt häufig zu (noch mehr) Stress während des Studiums, der mittelfristig krankmachen kann. Unruhe, Schlafstörungen und Nervosität können auftreten. Auch Scham spielt eine Rolle, weshalb die Prokrastination mit der Zeit oftmals selbstverstärkend wirkt und sich prokrastinierende Studierende zum Teil sozial zunehmend isolieren. Studien haben ergeben, dass Prokrastinierer häufiger als ihre nicht-prokrastinierenden Kommilitonen Ärzte aufsuchen und ebenso andere gesundheitliche Hilfe überdurchschnittlich oft in Anspruch nehmen.

Erklärung: Es gibt im Wesentlichen drei Faktoren, die das Entstehen von Prokrastination beeinflussen, begünstigen beziehungsweise hemmen. Erstens: die Persönlichkeit. Es gibt Menschen, die neigen per se stärker zum Prokrastinieren als andere. Impulsivität, besondere Sensitivität und hohe Empfänglichkeit gegenüber äußeren Reizen machen es wahrscheinlicher, dass eine Neigung zu Prokrastination vorhanden ist und, sofern sie auf begünstigende Rahmenbedingungen stößt, auch ausgelebt wird. Zweitens: die Fähigkeit zur Selbstregulation (ein Begriff aus der Psychologie). Gemeint ist damit der Grad, mit dem Menschen ihre Aufmerksamkeit, Emotionen, Handlungen und Impulse zu steuern in der Lage sind. Ist die Selbstregulation gut ausgeprägt, dann gelingen Beobachtung, Bewertung und Korrekturen des eigenen Verhaltens und Denkens für die jeweilige Zielerreichung, und man schafft es, sich den Herausforderungen einer bestimmten Situation anzupassen. Ist diese innere Korrekturschleife schwach ausgeprägt, verkürzt oder blockiert, begünstigt dies die Prokrastination. Drittens können Situationsfaktoren die Prokrastination befördern. Damit ist gemeint, als wie attraktiv, sinnhaft und komplex eine Herausforderung erachtet wird, welche Art des Feedbacks gegeben wird oder wie viel Unterstützung man dabei erfährt.

Gegenmittel: Selbstorganisiert arbeiten zu können, ist für das wissenschaftliche Arbeiten von großer Bedeutung. Wer prokrastiniert, vermeidet jedoch die Selbstorganisation: entweder aktiv, indem durch Prokrastination der Druck auf sich selbst gezielt erhöht wird, bis der Arbeitsbeginn (meist in Form durchgearbeiteter Nächte) nicht mehr länger aufgeschoben werden kann, oder passiv, indem die Prokrastination eine oft angstgetriebene Flucht darstellt. In beiden Fällen – und das ist das Entscheidende – geht es darum, Entscheidungen vermeintlich zu verlagern beziehungsweise ihnen zu entkommen. Das ist jedoch grundfalsch, denn auch etwas zu vermeiden ist bereits eine Entscheidung – und zwar eine denkbar schlechte. Bedenke, dass es keine Nicht-Entscheidungen gibt. Dein Handeln und Verhalten in der Gegenwart gibt Auskunft über die von Dir getroffenen Entscheidungen: Sitzt Du am Schreibtisch und schreibst, verbringst Du Zeit in den sozialen Medien oder triffst Du Dich mit Freunden – nichts davon ist rundheraus gut oder schlecht oder weniger wert als das andere. Behalte die Kontrolle über Deine Zeit, Deine Aufmerksamkeit und Deine Prioritäten und übernimm Verantwortung. Die Arbeit am Schreibtisch bringt Dich Deinem Ziel einer guten Studienarbeit jedenfalls deutlich näher als die anderen beiden Tätigkeiten, die man wahlweise als Ablenkung oder Vergnügen bezeichnen mag, was nicht automatisch bedeuten soll, während Deiner Arbeitsphasen auf sie zu verzichten.

Lerne zu priorisieren. Du musst zwischen Wichtigem und Unwichtigem sowie zwischen Dringlichem und

Nicht-Dringlichem in Bezug auf Deine Studienarbeit unterscheiden, damit Du Deine Effektivität erhöhst. Hier gibt es ein breites Angebot von Strategien, Hilfsmitteln und Apps aus dem Bereich des Zeitmanagements, die vorgeben, Dir diese Arbeit abzunehmen und Dir dabei zu helfen. Es genügt aber meiner Überzeugung nach ein Blatt Papier und ein Stift, denn nicht die Hilfsmittel bringen Dir bei, wie Du Deine Aufgaben priorisierst. Sie unterstützen Dich lediglich dabei. Das Lernen findet nur während des Prozesses selbst statt. Wie Du zu welchem Zeitpunkt welche Aufgaben richtig priorisierst, um eine gute Studienarbeit zu verfassen, lernst Du allein durch wiederholte Anwendung und nur durch das Verfassen von Studienarbeiten.

Sei diszipliniert. Noch maßgeblicher als die Priorisierung ist Deine Disziplin. Listen und Arbeitspläne bringen nur etwas, wenn sie auch eingehalten werden, andernfalls sind sie eher schädliche Zeitfresser und können den Stress sogar erhöhen, weil die Nichterfüllung das eigene Versagen nur umso mehr veranschaulicht, je weniger Haken auf einer To-do-Liste gemacht werden konnten. Nutze die Macht der Routine, indem Du Dich an Deine Pläne hältst und Schritt für Schritt vorgehst. Das gilt selbstverständlich ebenso für das Ende von festgelegten Arbeitszeiten, damit Du Überbelastungen vorbeugst.

HINDERNIS 2: Perfektion

Wer sehr hohe Standards besitzt, stets nur die allerhöchsten Ziele verfolgt und an sich selbst sehr große Ansprüche stellt, der ist Perfektionist. Er ist daran zu erkennen, dass er sich und andere genau überprüft, ob sie keine Fehler machen, Leistungen stets akribisch hinterfragt und nur ein Ziel kennt: Vollkommenheit. Wie genau diese aussieht, können Perfektionisten meistens selbst nicht so recht beantworten. Sie muss zum einen der eigenen hohen Erwartung entsprechen und zum anderen zugleich von außen als eine ebensolche glänzende Leistung anerkannt werden. Und selbst wenn dem so ist, nagt an dem Perfektionisten oftmals weiterhin das Gefühl, es eigentlich doch noch etwas besser hätte machen zu können. Etwas als „fertig" zu betrachten, ist für ihn eine große Herausforderung, teils eine kaum zu überwindende Hürde. Die Folgen können gravierend sein. Zwar erzielen Perfektionisten in der Tat aufgrund ihrer Akribie, ihrer maximalen Gewissenhaftigkeit und ihres Fleißes häufig Topergebnisse, aber sie zahlen dafür einen hohen Preis. Der enorme Stress, unter dem sie stehen, hinterlässt Spuren. Die Gefahr auszubrennen und mittel- bis langfristig einen Burnout zu riskieren, ist nicht unerheblich. Da nicht beziehungsweise nur sehr schlecht zwischen Wichtigem und weniger Wichtigem unterschieden werden kann – für Perfektionisten hat alles immer gleichermaßen perfekt zu sein –, besteht ein großer Druck, in allen Bereichen abzuliefern, beruflich wie privat. Dabei ist es eine Fähigkeit, gezielte Gewichtungen vorzunehmen, bestimmten Dingen und Handlungen bewusst mehr Bedeutung zu geben als anderen. Der Perfektionist aber ist ein Gleichmacher. Und meistens leiden Perfektionisten unter ihrem Perfektionismus. Spätestens, wenn der Umfang der Aufgaben und Erledigungen ein nicht mehr zu bewältigendes Ausmaß annimmt, kann es passieren, dass Perfektionisten unter der selbst aufgebürdeten Last zusammenbrechen, psychisch wie physisch entkräftet. Arbeit, Beziehungen und Gesundheit leiden.

Erklärung: Es gibt mehrere Quellen, aus denen das Streben nach Perfektion entspringen kann. Betroffen sind nicht selten Menschen, die ohnehin über Ausnahmefähigkeiten verfügen, die sehr talentiert sind, in dem was sie tun, und die ein hohes Maß an Motivation bereits von Haus aus mitbringen. Und hierin, also in der Herkunft und den frühen Prägungen daheim in der Kindheit und Jugend, mögen weitere Schlüssel für Perfektionismus liegen. Erstgeborene neigen danach deutlich stärker zu Perfektionismus als ihre jüngeren Geschwister, was zurückzuführen ist auf ein großes Maß an Verantwortung, die man als „Großer" zu tragen hatte. Erstgeborene sind Vorbilder für ihre Geschwister (beziehungsweise sollen es sein) und fühlen diese besondere Erwartungshaltung an sie. Ihr zu genügen, ist ihnen Aufgabe und Pflicht zugleich, was ihr Denken und Handeln nachhaltig prägt. Auch eine sehr auf Leistung und Erfolg ausgerichtete strenge Erziehung kann Perfektionismus begünstigen. Umgekehrt kann ebenso eine übermäßig freie, ja regel- und grenzenlose Erziehung zu perfektionistischem Verhalten führen, gewissermaßen als Kompensation. Mögen die Ursachen vielfältig sein – dass es sich beim Perfektionismus stets um eine übersteigerte Gewissenhaftigkeit handelt, die aus der Angst, nicht zu genügen, herrührt, lässt sich jedenfalls an dieser Stelle festhalten.

Gegenmittel: Wer Perfektion anstrebt, muss langfristig scheitern. Es ist bloß eine Frage der Zeit. Denn Perfektion ist unerreichbar. Das gilt grundsätzlich für alle Lebensbereiche – und für das wissenschaftliche Arbeiten insbesondere. Es kann und darf nicht anders sein, denn Wissenschaft ist auf eine bestimmte Weise immer vorläufig und korrekturbedürftig. Das ist ihr Prinzip. Daraus folgt selbstverständlich nicht, dass wir nicht gründlich arbeiten sollten. Vielmehr ist zu beachten, dass wir uns das Nicht-Perfekte in unserer Arbeit vor Augen führen und Unzulänglichkeiten und

Lücken erkennen und benennen, statt sie mit aller Macht füllen zu wollen.

Werde Dir klar darüber, dass Dein Perfektionismus eine Ausgleichsreaktion auf etwas ist, das Du vermutlich in Deiner Kindheit und Jugend erfahren hast. Daran ist nichts Schlimmes. Nur musst Du lernen, damit umzugehen. Deine perfektionistische Veranlagung darf Dich nicht blockieren. Du musst sie so behandeln, dass sie Dir hilft, Deine Ziele zu erreichen, und ihnen nicht im Weg steht. Gelingt Dir das, verwandelst Du sie in eine Stärke, die Dich von anderen unterscheidet.

Deine Selbstzweifel kannst Du beenden, indem Du Dir sagst, dass scheitern zu dürfen in Ordnung ist. Gerade in der Wissenschaft, deren Geschichte gespickt ist mit Forschungsergebnissen, die sich später als falsch erwiesen haben, gehört Scheitern zum Geschäft. So kann eine Studienarbeit, in der gut begründet dargelegt und reflektiert wird, weshalb der Verfasser beim Versuch, seine Forschungsfrage zu beantworten, gescheitert ist, ein Lesevergnügen sein und einen wissenschaftlichen Gewinn darstellen.

Lerne, Dich selbst zu beobachten. Erkenne Deine eigenen Grenzen an und schütze sie. Widerstehe bewusst dem Drang, alles zu planen und zu kontrollieren.

Achte darauf, wann in Dir das Gefühl, es noch besser machen zu müssen, auftaucht. Nimm diese Momente wahr und reagiere gelassen. Lass nicht Deinen Perfektionismus bestimmen, was Du tust und denkst.

HINDERNIS 3: Stress

Das Hormon Adrenalin wird vermehrt durch den Körper gepumpt. Der Blutdruck nimmt zu, das Herz schlägt schneller, die Muskeln spannen sich an und die Atmung beschleunigt sich. Die Aufmerksamkeit steigt, die Sinne schärfen sich, die Anspannung nimmt zu. Stress ist nicht per se schlecht, sondern sehr wichtig, beispielsweise wenn man vor etwas davonläuft, in einen Faustkampf verwickelt wird oder sich auf der Jagd befindet. Evolutionsbiologisch ist dieser Energieschub, den Stress in kurzer Zeit bewirkt, lebensnotwendig – bei Gefahr, bei Fragen von Angriff und Verteidigung sorgt Stress dafür, dass sich die Sinne des Menschen rasant schärfen und der Körper automatisch in Gefechtsbereitschaft versetzt wird. Was in vormodernen Zeiten unabdingbar gewesen ist, ist heutzutage oftmals von Übel, denn die gestresste Person braucht ein Ventil, um sich abzureagieren und auf diese Weise ihren Körperzustand zu regulieren. Da Kampf und Jagd in den allermeisten Fällen heute nicht mehr notwendig sind, braucht es zwingend andere Wege, um das Stresslevel zu senken. Sind diese jedoch nicht ausreichend vorhanden, kann dauerhafter Stress nicht nur belasten, sondern Körper und Psyche krankmachen. Beispielsweise Erschöpfung, Gereiztheit, Schlafstörungen, Leistungs- und Konzentrationsschwächen, Magen-Darm-Probleme und Bluthochdruck können allesamt von Stress bedingt sein. Auch dem Burnout geht häufig eine langanhaltende Phase des Dauerstresses voran. Kurzum, Stress hat ein doppeltes Gesicht. Er sorgt kurzzeitig für maximale Anspannung und Konzentration. Langfristig macht er jedoch krank, wenn er nicht abgebaut werden kann.

Erklärung: Wie Menschen Stress erleben und mit ihm umgehen, ist eine sehr individuelle Frage. Um zu betrachten, wie sich Stressanfälligkeit zusammensetzt, lohnt ein zweigeteilter Blick. Zum einen ist dies die Fähigkeit des Einzelnen, mit Anforderungen an sich selbst umzugehen. Hierbei ist es unerheblich, ob es sich um reale Anforderungen handelt (beispielsweise eine anstehende Prüfung) oder um gefühlte Anforderungen (beispielsweise ein bestimmtes Handeln und Verhalten, von dem man meint, dass es einem abverlangt würde). Beides kann als gleichermaßen stressig wahrgenommen werden. Der Umgang mit Druck, Angst, Erwartungen und Nervosität – also inneren Stressfaktoren – ist entscheidend. Kann die innere Haltung angepasst und die Erregungsbereitschaft moderat gehalten werden, kann man Stress abmildern.

Zum anderen handelt es sich um Stressfaktoren, die ausschließlich von außen kommen, die unsere Umwelt an uns heranträgt, also um die Anzahl der Dinge, die im Alltag zu bewältigen sind. Auch hier kann zwar die innere Einstellung gegenüber den äußeren Stressfaktoren angepasst und damit der Umgang verbessert werden, die Ereignisse selbst sind jedoch nicht zu ändern. Dazu kann ebenfalls gezählt werden, dass Stressresistenz zum Teil vererbbar ist.

Gegenmittel: Da die Anzahl und die Komplexität der Anforderungen, die moderne Gesellschaften an den Einzelnen stellen, gestiegen sind und weiter steigen, ist der gesunde Umgang mit Druck und Belastung eine zentrale Kompetenz für ein erfolgreiches Berufs- und Privatleben. Mach Dir klar, dass es bei der Regulierung von Stress sehr stark auf Deine eigene Perspektive ankommt, genauer: auf die Frage, wie sehr Du Dich stressen lässt. Du kannst nicht bestimmen, wie viele Hausarbeiten Du in einem Semester verpflichtend zu schreiben hast, wann Deine Steuererklärung fällig wird oder dass die Software Deines Computers eine Aktualisierung benötigt. Darauf hast Du keinen Einfluss. Du kannst aber bis zu einem gewissen Grad steuern, wie sehr Du Dich von all diesen notwendigen Aufgaben stressen lässt. Bereite Dich vor und lerne Dich besser kennen. Du musst erkennen, wann sich bei Dir Stress aufbaut und aus welchen Gründen er entsteht, und ein Gespür dafür entwickeln, wann er überhandnimmt. Diese Fähigkeiten zur inneren Selbstbeobachtung und zur Balance zwischen Anspannung und Entspannung zu entwickeln, ist der beste Schutz vor stressbedingten Schwierigkeiten. Bereite Dich vor, indem Du lernst, in Dich hineinzuhorchen. Meditationsübungen können Dir dabei helfen. Akzeptiere, dass Stress Teil des Lebens ist. Vermeide aber unbedingt, dass Dein Handeln und Verhalten von Stress dominiert wird, dass er Dich auslaugt und Dich auf diese Weise daran hindert, Deine Ziele zu erreichen. Tritt kürzer, wenn nötig. Sorge für Ausgleich. Stressabbau gelingt Dir am besten durch Bewegung. Und dafür ist kein High-Intensity-Workout nötig oder eine Jahresmitgliedschaft in einem Fitnessstudio (die Dich eventuell zusätzlich stressen könnte, da Du Dich aufgrund der monatlichen Beitragszahlungen unter Druck setzen lassen könntest hinzugehen). Regelmäßige Spaziergänge helfen bereits, etwas Jogging, einige Liegestütze oder was auch immer Dir gefällt und guttut. Den Stress steuern und minimieren kannst Du außerdem über ein für Dich optimales Zeitmanagement.

HINDERNIS 4: Zeit

„Mir fehlt es an Zeit" oder „Die Zeit ist zu kurz", so hört man vielerorts. Die Anzahl der Aufgaben, die zu erledigen sind, lässt sich nicht in dem vorgesehenen Zeitfenster bearbeiten – entweder, weil die Fülle der Aufgaben zu groß oder weil das Zeitfenster zu klein ist (oder beides). Hier seien noch Punkte auf der To-do-Liste offen, dort noch Besorgungen zu tätigen, Treffen zu arrangieren: Fehlende Zeit gerät zum Stolperstein auf dem Weg der Zielerreichung.

Von Termin zu Termin rasend, Verpflichtungen (oder vermeintliche Verpflichtungen) abarbeitend entsteht eine Hast, bei der die Aufmerksamkeit auf das Hier und Jetzt verloren geht. Die Folgen sind Stress, Unruhe und Unausgeglichenheit. Das Gefühl, am Ende des Tages zu wenig geleistet zu haben, nagt an einem und verursacht ein schlechtes Gewissen. Reagiert wird darauf nicht selten damit, dass noch mehr Aufgaben angegangen und in das Zeitfenster gepresst werden, das mit seinen exakt 24 Stunden am Tag allerdings unerbittlich gleichbleibend groß (beziehungsweise klein) ist. Doch dadurch erhöht sich der Zeitdruck nur noch weiter.

Erklärung: Ratgeber zum richtigen Zeitmanagement füllen mittlerweile viele Regalmeter in Bibliotheken, und es erscheinen beinahe monatlich neue Bücher über den effektiven Umgang mit Zeit. Das Thema hat Konjunktur. Sehr viele Menschen klagen über Zeitmangel und haben den Wunsch, ihre Zeit zielgerichteter zu nutzen. Beruflich wie privat soll optimiert werden, was zeitlich optimiert werden kann, wobei nicht immer klar ist, in welche Richtung genau optimiert werden soll, mit welchem Ziel. Hintergründig gären große Erwartungen und ausgeprägte Anspruchshaltungen, die zur Verfügung stehende Zeit bestmöglich, idealerweise perfekt zu verwenden.

Häufig ist die Klage über einen Mangel an Zeit jedoch nur ein Platzhalter, ein Resultat von Unsicherheiten bei der Prioritätensetzung der Aufgaben beispielsweise. Auch wem die Übersicht über den zeitlichen Umfang der zu erledigenden Arbeitsschritte fehlt, bemängelt oftmals fehlende Zeit. Eine laxe Arbeitsdisziplin kann ebenso mit der Begründung des Zeitmangels kaschiert werden wie das grundlose Aufschieben des Arbeitsbeginns. Dass viele Menschen für diese Begründung umgehend Verständnis aufbringen, mag menschlich nachvollziehbar sein, macht die Lösung der Probleme allerdings nicht selten schwieriger anstatt leichter. Nur in sehr wenigen Lebensphasen, beispielsweise wenn kleine Kinder zu versorgen und großzuziehen sind, spielt der Faktor Zeit eine herausragende und gewichtige Rolle. Der Beschwerde über einen Mangel an Zeit liegt wesentlich häufiger eine Vermeidung von Entscheidungen zugrunde.

Gegenmittel: Sei ehrlich zu Dir, wenn es um mangelnde Zeit geht, und begib Dich auf die Suche nach den dahinterliegenden Motiven. Fange bei Dir selbst an, nach den Ursachen zu forschen, und verschwende keine Energie darauf, andere für Deinen Zeitmangel verantwortlich zu machen. Solch ein Ausweichen ist nicht zielführend (und kostet Zeit). Ein Menschenleben umfasst durchschnittlich nur 4.000 Wochen, wie der Journalist Oliver Burkeman in seinem gleichnamigen Buch betont und klarmacht: Zeit ist ein sehr limitiertes Gut, das niemals im Überfluss vorhanden sein kann. Behandle es entsprechend als solches und vermeide Ablenkungen. Bestimme Du selbst, wie Du sie nutzt, und lass nicht andere darüber entscheiden.

Die Erkenntnis, dass Zeit begrenzt ist, sollte Dich dabei nicht panisch stimmen, sondern beruhigen. Du kannst letztlich tun und lassen, was Du willst, Zeit kannst Du nicht strecken. Nutze die Kraft, die darin steckt, den Faktor Zeit produktiv einsetzen zu können, indem Du der fortschreitenden Zeit mit Deiner Bereitschaft zur Konstanz begegnest. So sicher wie das Ablaufen einer Uhr verbessern sich Deine Arbeitsergebnisse bei anhaltender Konstanz, die Du aufbringst. Je länger die Arbeitszeit andauert und je länger Du dabei konstanten Arbeitsaufwand bereit bist zu betreiben, desto wahrscheinlicher wird das Erzielen positiver Ergebnisse.

HINDERNIS 5: Motivation

Die Summe der Beweggründe für oder gegen ein bestimmtes Handeln und Verhalten bezeichnet man als Motivation. Dabei wird zwischen intrinsischer („von innen heraus") und extrinsischer Motivation („von außen") unterschieden. Wer stark intrinsisch motiviert ist, verbindet mit seinem Tun einen hohen Selbstzweck, aus Neugier, Interesse, Leidenschaft oder Neigung. Wer eher extrinsisch motiviert ist, sieht in seinem Tun ein Mittel zum Zweck – eine Belohnung, eine Beförderung, eine günstige Gelegenheit, aber auch Zwang oder Druck, den es mit dem Handeln auszugleichen gilt. Ein Musiker kann also intrinsisch motiviert sein, regelmäßig zu proben, da er beim Musizieren große Freude empfindet. Oder er kann extrinsisch motiviert sein zu üben, weil er beispielsweise die Aufnahmeprüfung für eine hochrangige Musikhochschule bestehen möchte, um seine Karriere voranzubringen. Wer unmotiviert ist, sieht keinen Sinn in seinem Tun und ist ziellos – eine denkbar schwierige Konstellation, die aber von Motivationsschwankungen zu unterscheiden ist. Durststrecken und Tage, an denen einem die Arbeit nicht so leicht von der Hand geht, gehören zum Prozess dazu. Sie sind zu akzeptieren, ohne gleich das große Ganze in Frage zu stellen. Keine Motivation zu besitzen, gar demotiviert zu sein, wiegt hingegen sehr schwer und stellt ein großes Hindernis dar. Ohne Motivation wird die Arbeit zur Qual, Verdruss und Erschöpfung stellen sich sehr schnell ein. Ein Scheitern droht.

Erklärung: Wir brauchen Ziele und Sinn. Sie geben uns als Menschen Antrieb, Halt und Orientierung zugleich. Gerade bei langfristigen Aufgaben, die Mühe, Zeit und Anstrengung erfordern, fällt Motivation stark ins Gewicht. Ihre Bedeutung wird meist unterschätzt. Die Annahme, allein mit purem Fleiß – der für sich genommen eine gute Eigenschaft ist – über die Runden zu kommen, greift zu kurz. Menschen spüren, sehen und fühlen in ihrem Gegenüber einerseits den Grad der Motivation für eine bestimmte Sache und rechnen ihm diese positiv an. Andererseits vermag es lediglich die ausgeprägte intrinsische Motivation, Erfolg und Erfüllung langfristig miteinander in Einklang zu bringen.

Gegenmittel: Entdecke Deine wahren Leidenschaften und gehe ihnen nach. Du brauchst eine bestimmte Verbundenheit zu dem, was Du tust, die sich für Dich richtig, wertvoll und sinnhaft anfühlt. Das ist ein Prozess, der Zeit braucht. Du benötigst gleichermaßen Geduld, um Deine intrinsische Motivation auf- und ihr nachzuspüren, sowie Entschlossenheit und Mut, um falsche Wege zu beenden. Was sind Deine Ziele? Weshalb tust Du das, was Du tust? Bist Du mit Deinen Ergebnissen zufrieden? Diese Fragen sollten Dich anleiten, um langfristig erfolgreich und zufrieden zu sein. Kurzfristig besteht zudem die Möglichkeit, sich mit einfachen Techniken zu motivieren, beispielsweise, indem die Aufgaben detailliert heruntergebrochen werden in kleinteilige Schritte, die sich nacheinander abarbeiten lassen. Das Ziel ist, möglichst viele kleine Erfolgserlebnisse zu erzeugen. Das Prinzip, das dahintersteht: Motivation entsteht durch Handlung. Hierbei kann Dich ein Arbeitstagebuch unterstützen, in dem Du Schritt für Schritt dokumentierst, welche Aufgaben Du bereits erledigt hast. Auch die Visualisierung

Deines Ziels beziehungsweise Deines Teilziels hilft Dir dabei, Dich zu motivieren. Versuche zu spüren, wie gut es sich anfühlt, Deine fertige Studienarbeit abzugeben oder Dein Abschlusszeugnis in Empfang zu nehmen. Du lädst die Erreichung Deines Ziels mit positiven Bildern und Vorstellungen auf. Das Gehirn kann strukturell zwischen Realität und Vorstellung nicht besonders gut unterscheiden. Auf diese Weise wird sich Dein Antrieb erhöhen, da die Zielerreichung besonders attraktiv erscheint.

HINDERNIS 6: Krankheit

Krankheiten gehören zum Leben dazu. Ohne das Wissen, wie es sich anfühlt, krank im Bett zu liegen, lässt sich nicht wirklich wertschätzen, welch ein Glück und welch ein Schatz eine intakte Gesundheit ist. Wer einen Arm in Gips gelegt bekommen hat, an einer Magen-Darm-Infektion leidet oder sich die Lungen entzündet hat, spürt in diesen Tagen der Krankheit, wie sehr das Körperliche unsere Handlungsmöglichkeiten bestimmt und einschränken kann. Kaum wieder auf den Beinen, gerät dies bereits allzu rasch in Vergessenheit, was unter anderem daran liegt, dass unser Gedächtnis unliebsame Erfahrungen meisterhaft schnell zum Verblassen bringt.

Wer krank ist, kann nicht, beziehungsweise nicht in vollem Umfang, seine Fähigkeiten und Kenntnisse abrufen. Während die allermeisten Krankheiten nach wenigen Tagen oder Wochen überstanden sind, gibt es gesundheitliche Einschränkungen, die dauerhaft sind wie beispielsweise Behinderungen und chronische Erkrankungen. Da sie nicht wie ein Hindernis überwunden werden können, sondern es gilt, einen bestmöglichen Umgang mit ihnen zu entwickeln, wird an dieser Stelle nicht weiter auf sie eingegangen.

Erklärung: Krankheiten werden häufig tabuisiert, zumal, wenn es sich um psychisches Leid handelt wie um eine Depression oder ein Burnout. Auch Einsamkeit und Niedergeschlagenheit gehören dazu. Zum Teil werden Erkrankungen verheimlicht, um vermeintliche Schwächen für sich zu behalten, aus Scham. Sich selbst und anderen gegenüber zu beweisen, dass man unerschütterlich sei, maschinengleich funktioniere und über mehr Härte verfüge als andere, sind zuweilen die Motive dahinter. Auch eine Glorifizierung der eigenen Unverwundbarkeit, trotz Krankheit seinen Mann beziehungsweise seine Frau stehen zu wollen, um den Selbstwert zu erhöhen und nach außen scheinbar ewig gleichbleibende Produktivität vorzuspielen, kann die Ursache dafür sein, dass vorgeblich zwar gearbeitet wird, die Krankheit jedoch bestmögliche Ergebnisse nicht zulässt. Zu funktionieren gilt als Wert an und für sich. Daher geht der Griff in die Hausapotheke leicht von der Hand. Medikamente sollen Schmerzen betäuben und gesund machen. Gut, dass es sie gibt, oft sind sie aber nur kurzfristige Lösungen. Auch Drogen wie Alkohol oder Cannabis lindern Schmerzen und verdrängen Kummer und Sorgen, können allerdings zugleich abhängig machen.

Gegenmittel: Achte auf Dich und Deine Gesundheit. Gehe regelmäßig zum Arzt, betreibe Vorsorge. Seine Belastungsgrenzen einzuschätzen lernen, seinen persönlichen Raum zwischen Unter- und Überforderung zu kennen und zu bewerten, ist entscheidend für den Erfolg. Wenn Du das Gefühl hast, Unterstützung zu brauchen, konsultiere Fachleute. Kontaktiere Ärzte. Such Betreuungseinrichtungen auf, um Rat zu erhalten. Gesundheitliche Krisen können nicht nur überwunden werden, sondern es lässt sich mitunter Kraft aus ihnen ziehen.

HINDERNIS 7: zu wenig (Grundlagen-) Wissen

Das letzte hier hervorgehobene Hindernis ist das wohl am einfachsten zu beseitigende: mangelndes Wissen. Wer nicht versteht, was die Anforderungen sind, wer die Aufgabenstellung nicht mit eigenen Worten wiedergeben kann, wer nicht in der Lage ist, überhaupt Fragen zu formulieren, was das Vorgehen betrifft, verfügt über zu wenig Grundlagen des wissenschaftlichen Arbeitens. Wo kein oder nur wenig Wissen vorhanden ist, herrscht oft Orientierungslosigkeit, Verzweiflung und letztlich Stillstand. Zu unterscheiden ist dabei, ob das fachspezifische Wissen ungenügend ist oder ob das Handwerk des wissenschaftlichen Arbeitens unbekannt ist – oder ob es an beidem hapert. Auf diese Weise entstehen jedenfalls Blockaden. Man kommt gar nicht erst in die Umsetzung. Planlos navigiert man um die Aufgaben herum, und sogar Selbstzweifel können entstehen.

Erklärung: Wissenschaftliches Arbeiten ist fächerübergreifend. Die Prinzipien sind dieselben. Es mögen selbstverständlich in den einzelnen Disziplinen jeweils Besonderheiten, Regeln und Gepflogenheiten herrschen, die zu berücksichtigen sind, sie eint jedoch eine gemeinsame Denk- und Vorgehensweise: das wissenschaftliche Arbeiten. Aus diesem Grund sollten gerade Anfänger ihr Augenmerk auf die Basis legen, darauf, sich Kenntnisse über das wissenschaftliche Arbeiten anzueignen. Wer das Handwerk versteht, sammelt auch rasch (mehr) Fachwissen an. Nicht selten sorgt allerdings eine Fülle an Informationsmaterial, das entweder zu detailliert, zu umständlich, zu allgemein oder zu spezifisch verfasst wurde, für noch mehr Verunsicherung. Studierende tappen auf diese Weise häufig in die Falle, sich mehr mit den formalen Anforderungen zu beschäftigen (beispielsweise der korrekten Zitierweise) als mit der inhaltlichen Beantwortung der von ihnen entworfenen Forschungsfrage. Formalismus aber schnürt Einfallsreichtum, gedankliche Freiheit und Formulierfreude ab. Es gibt keinen Platz für Fantasie, wo dem korrekten Zeilenabstand mehr Beachtung geschenkt wird als der klugen Beobachtung und der gelungenen Interpretation.

Gegenmittel: Dein Heil liegt nicht in der strikten Einhaltung vermeintlich exakter Anweisungen, wie richtiges wissenschaftliches Arbeiten abzulaufen habe. Allenfalls kurzfristig kann Dir dies einen freudlosen Erfolg bescheren, der Dich jedoch weder als Person noch als Forschender voranbringt. Such Dir vielmehr Material zum Einstieg, mit dem Du wirklich etwas anfangen kannst, das Dich auf eine gewisse Weise berührt. In den seltensten Fällen sind das Schaubilder oder Tabellen, Handouts mit Vorgaben und Listen. Viel öfter sind es Geschichten und Biografien, Erfahrungsberichte und eindrückliche Studien, die nachhallen, mit denen Du etwas verbinden kannst. Kümmere Dich nicht über Gebühr um die Einhaltung formaler Richtlinien. Halte früh Ausschau nach einem Mentor, von dem Du lernen kannst. Hast Du Zweifel an Deinem akademischen Weg, dann beschäftige Dich mit den Grundlagen zunächst auf eine leicht verständliche Weise und führe Dir die Vorteile vor Augen, die Dir das wissenschaftliche Arbeiten für Deine persönliche und berufliche Entwicklung bietet. Genau darauf bauen die beiden folgenden Kapitel auf.

IN A NUTSHELL – das kleine ABC des wissenschaftlichen Arbeitens

Die Kapitelüberschrift ist in gewisser Weise eine Frechheit. Auf wenigen Seiten die Grundprinzipien des wissenschaftlichen Arbeitens kompakt zusammenzufassen, scheint anmaßend und ein zum Scheitern verurteiltes Projekt zu sein: Es greift zu kurz, es vereinfacht, es pauschalisiert. Aber was auf kleinem Raum schwierig ist, ist in größeren Formaten nicht unbedingt automatisch einfacher. Die sehr unterschiedliche Qualität der Ratgeber zum Thema „wissenschaftliches Arbeiten" führt uns das vor Augen.

Der Ansatz dieses Buches ist einerseits praxis- und ergebnisorientiert, weshalb Du später eine Schritt-für-Schritt-Anleitung erhältst, wie Du Deine Studienarbeit in kurzer Zeit erfolgreich verfasst. Andererseits ist es das Ziel dieses Ratgebers, Dir grundlegend und leicht verständlich die Welt des wissenschaftlichen Arbeitens nahezubringen, damit Du künftig nicht bloß über ein Thema schreibst, sondern es eigenständig untersuchst. Du sollst in der Lage sein, selbstständig zu forschen, anstatt Dich an Formalitäten zu klammern. Genau das macht wissenschaftliches Arbeiten aus. Aber dafür braucht es einen weiten Blick auf akademische Welten, analytisches Arbeiten und wissenschaftliche Vorgehensweisen – kurzum, ein ABC des wissenschaftlichen Arbeitens, das Dein Leben an jeder Hochschule leichter macht.

A wie Anfang

Lerne anzufangen. Oftmals hindern und blockieren uns Ängste, die unbegründet sind, das zu tun, was wir tun müssen und wollen. Der Anfang ist dabei eine besondere Situation, in der viel Energie steckt, die sich nutzen lässt. Häufig ist die Motivation zu Beginn noch sehr groß, die Begeisterung für das Thema vorhanden. In diesem Fall sollte man unbedingt starten.

Allgemein gehaltene Einwände, raunende Generalkritik und Bedenkenträgerei jedweder Art bremsen Dich in der Frühphase Deiner Arbeit, kosten Zeit und nagen an Deiner Motivation. Und viel mehr noch als das: Sie säen Zweifel in Dir, die wachsen können. Bedenke, dass es immer einfach und mühelos ist, Vorhaben wie eine Hausarbeit schlechtzureden. Du musst Dich davor schützen, dass in der Anfangsphase Deine Arbeit vergiftet wird. Koste die Phase des Starts aus und lass Dich ganz auf Dein Thema ein, sofern Du einen inneren Antrieb verspürst. Sollte das nicht der Fall sein, solltest Du also unmotiviert sein, ist es ebenso wichtig anzufangen, zu lesen, zu recherchieren, Aufzeichnungen und Mitschriften durchzusehen. Sobald Du spürst, dass Dich eine bestimmte Frage berührt, Du eine Verbindung herstellen kannst, Du vor Deinem geistigen Auge eine fertige Hausarbeit zu ebendieser Frage siehst, bist Du auf dem richtigen Weg, Dein Thema für Deine Studienarbeit zu finden. Auch hier liegt also der Schlüssel im Handeln (K wie Konstanz).

Steht Dein Thema fest, hast Du Deine Forschungsfrage und Dein Vorgehen bestimmt, ist das Exposé unerlässlich. Bevor Du den ersten Satz Deiner Studienarbeit formulierst, schreibst Du ein kompaktes Exposé Deiner Arbeit. Egal, ob Du eine Hausarbeit, eine Bachelor-/

Masterarbeit oder gar eine Dissertation schreibst, das gute Exposé legt den Grundstein. Die Struktur eines Exposés sieht wie folgt aus:

- Beschreibung des Untersuchungsgegenstandes: Worüber schreibst Du und aus welchen Gründen ist es (für Dich und/oder Dein Fach) bedeutsam?
- Stand der Forschung: Was gibt es bereits an Literatur zum Thema und was noch nicht?
- Forschungsfrage: Wie lautet Deine zentrale Frage, die Du am Ende Deiner Arbeit beantwortest?
- Quellen und Daten: Welches Material steht Dir für die Beantwortung Deiner Forschungsfrage zur Verfügung (welches nicht) und was kennzeichnet es?
- Vorgehen und Methode: Wie möchtest Du Deine Quellen und Daten auswerten, um die Forschungsfrage zu beantworten?
- Aufbau der Arbeit: Wie gestaltet sich vor diesem Hintergrund eine vorläufige Gliederung?

Du solltest Dein Exposé unbedingt ausformulieren. Für eine 15-seitige Studienarbeit ist ein zwei bis drei Seiten umfassendes Exposé angemessen. Ein gutes Exposé ist anfangs schwierig zu verfassen und braucht etwas Übung. Aber es lohnt sich. Beim Schreiben des Exposés entstehen Klarheit und Struktur, von der Du profitierst. Gliederst Du Dein Exposé wie oben beschrieben, dann kannst Du es später direkt als Einleitung Deiner Studienarbeit verwenden. Nutze die Kraft eines gründlich ausgearbeiteten Exposés.

Feilen solltest Du unbedingt auch an dem allerersten Satz Deiner Arbeit. Er ist von immenser, oft unterschätzter Bedeutung. Er setzt den Ton Deiner ganzen Arbeit und bietet Dir eine Chance, die viele verstreichen lassen, indem sie langweilige erste Sätze schreiben, anstatt zu überraschen und zu begeistern. Nutze die Magie des ersten Satzes! Schaffe Interesse und Relevanz für Deine Studienarbeit, zeige, dass Du Dir Mühe gibst, dass Dir Sprache nicht gleichgültig ist, und hebe Dich dadurch sofort von der Masse ab. Das kannst Du tun, indem Du Dir beispielsweise etwas von den Meistern abschaust. Hier seien Dir fünf Beispiele für magische erste Sätze genannt, von denen man sich abschauen kann, wie kraftvolle Texteinstiege gelingen.

- „Alle glücklichen Familien sind einander ähnlich, aber jede unglückliche Familie ist auf ihre besondere Art unglücklich." (Leo Tolstoi: „Anna Karenina")

- „Es fiel Regen in jener Nacht, ein feiner, wispernder Regen." (Cornelia Funke: „Tintenherz")
- „Euch kann ich's ja sagen: Die Sache mit Emil kam mir selber unerwartet. Eigentlich hatte ich ein ganz anderes Buch schreiben wollen." (Erich Kästner: „Emil und die Detektive")
- „Als Gregor Samsa eines Morgens aus unruhigen Träumen erwachte, fand er sich in seinem Bett zu einem ungeheuren Ungeziefer verwandelt." (Franz Kafka: „Die Verwandlung")
- „Die bekannte Geschichte verzeichnet keine Erscheinung wie ihn; soll man ihn ‚groß' nennen?" (Joachim Fest: „Hitler. Eine Biografie")
- „Entweder mache ich mir Sorgen oder etwas zu essen." (Ildikó von Kürthy: „Blaue Wunder")

So unterschiedlich die Verfasser und die Texte, so stark ist jeweils ihr Auftakt. Präge Dir ein, wie es Autoren gelingt, besondere Texteinstiege zu formulieren, die sich abheben. Neugier schaffen, Interesse erzeugen, Souveränität kommunizieren – darin liegt die oft verkannte Chance eines gelungenen Anfangssatzes.

B wie Bibliothek

Nutze Literatur – und zwar echte, keine digitale. Das ist kein Plädoyer gegen die Onlinerecherche. Im

Gegenteil, digitale Suchoptionen sind wertvoll, haben das wissenschaftliche Arbeiten bereichert und vereinfacht. Dennoch beziehungsweise gerade deshalb: Der Gang in die Bibliothek ist und bleibt unerlässlich.

Der physische Kontakt zu Büchern und Fachzeitschriften unterscheidet sich vom digitalen. Zum einen ist durch die Haptik ein langfristiges Lernen eher möglich und eine bessere Aufnahme des Stoffes wahrscheinlicher. Zum anderen sorgt der Besuch der Bibliothek dafür, dass Du die Wahrscheinlichkeit erhöhst, fokussierter zu arbeiten, da digitale Ablenkungen zumindest reduziert werden können. Bedeutender ist jedoch die Verbindung, die Du aufbaust, während Du Dich in Deiner Bibliothek zurechtfindest, dort liest und schreibst. Du lernst nicht nur die wichtigsten Standorte der für Dich wesentlichen Literatur kennen, sondern Du profitierst auch vom Stöbern auf eine Weise, wie es Dir am Bildschirm nicht möglich ist. Gerade im Prozess der Themenfindung und Ausformulierung der Forschungsfrage regt die Lektüre (oder die schnelle Durchsicht) zahlreicher verschiedener Werke Deine Kreativität und Fantasie als Forschender an. Du wirst Entdeckungen machen, die Dich überraschen, irritieren, vielleicht bestärken oder ernüchtern. Du stößt auf Autoren, die Dir bisher nicht bekannt gewesen sind. Du bleibst bei Absätzen hängen, die Du am Bildschirm niemals gelesen hättest. Mit jedem Arbeitstag in der Bibliothek wird es Dir leichter fallen, Dich dort zurechtzufinden. Da sich Bibliotheken allesamt sehr ähneln, wirst Du Dir so eine Fähigkeit aneignen, von der Du langfristig profitierst: Recherchieren in Bibliotheken. Du lernst, große Mengen an Text in kurzer Zeit aufzunehmen, grob zu überblicken, zu verwerfen oder auszuwerten, um sie auf diese Weise für Dein Vorhaben handhabbar zu machen.

C wie Computer

Nimm Dich in Acht davor, dass nicht der Computer Deine Arbeitsweise diktiert. Gerade am Anfang Deines Studiums solltest Du Deinen Computer vorwiegend zum Schreiben verwenden. Du kannst Dich in Literaturverwaltungsprogrammen wie EndNote, Citavi, Zotero und Co. – die über herausragende Möglichkeiten verfügen – leider auch sehr schnell verlieren. Am Anfang brauchst Du sie nicht. Sie können mit ihren diversen Funktionen sogar davon ablenken, eine klare Struktur für Deine Arbeit zu entwickeln. Ebenso solltest Du mit den vielen Organisations- und Kreativ-Tools auf dem Markt wie beispielsweise Programmen im Bereich des Mindmapping oder der Aufgabenorganisation sparsam umgehen. Finde erst heraus, wie Du selbst wissenschaftlich produktiv arbeitest, ehe Du Dir geeignete technische Unterstützung hinzuholst, die wirklich zu Dir und Deiner Arbeitsweise passt. Anders verhält es sich mit der Datenhygiene Deines Rechners. Die digitale Sicherung Deiner Arbeit samt allen dazugehörigen Daten sollte vom ersten Tag an akribisch durchgeführt werden. Darüber hinaus lohnt es sich, seine Arbeit (teilweise) auszudrucken als zusätzliche Sicherheit.

D wie Deckblatt

Es ist unerlässlich, die formalen Vorgaben einzuhalten und den jeweiligen Erfordernissen nachzukommen. Du würdest es andernfalls Deinem Dozenten zu leicht machen, Deine Gesamtnote herabzusetzen, nur, weil Du etwa die gewünschte Zitierweise nicht eingehalten hast, die Zeilenabstände oder Schriftgrößen nicht stimmen. Ganz ohne Grund sind formale Vorgaben eben nicht. Sie stellen sicher, dass eine äußere Vergleichbarkeit gegeben ist, dass ein Rahmen gesetzt wird, den Du zu erfüllen in der Lage bist. Allerdings darfst Du Dich nicht einer Deckblatt-Dogmatik hingeben. Immer sollte Dein Fokus auf dem Prozess des wissenschaftlichen Arbeitens liegen (inhaltlich, nicht formal). Deine Arbeit muss korrekt und vollständig sein, nur sollten weder für das Deckblatt noch für den Rest Deines Textes Formalia bedeutsamer sein als Inhalte. Form und Inhalt dürfen sich nicht bekriegen. Wenn verschiedene Zitierweisen benutzt und das Manuskript uneinheitlich formatiert wurde, ist das oft bereits ein Hinweis darauf, dass man ebenso wenig inhaltlich eine Stringenz erwarten sollte.

E wie Empirie

In der Wissenschaft unterscheidet man zwischen Empirie und Theorie, wobei beide sich die Bälle in gewisser Weise zuspielen, in einem Wechselverhältnis zueinander stehen. Die Empirie (griechisch: „Erfahrung") ist derjenige Teil der Forschung, der sich mit Beobachtungen, Befragungen, Experimenten, Versuchen und Messungen beschäftigt, um auf diese Weise Daten zu gewinnen. „Daten" ist hier ein weitgefasster Begriff. Empirische Daten können beispielsweise Protokolle, Umfrageergebnisse und Interviewmanuskripte sein.

Wer empirisch forscht, arbeitet also mit Daten und wertet diese aus. Wer theoretisch forscht, beschäftigt sich mit den meist aus empirischen Daten gewonnen Erkenntnissen und Gesetzmäßigkeiten und erklärt diese Menge mit übergeordneten Einsichten und Überlegungen, die Zusammenhänge erkennen und erklären. Theorien werden durch die Empirie belegt, korrigiert oder verworfen. Die Empirie wird durch Theorien zu neuen Beobachtungen angeregt. Auf diese Weise entwickelt sich wissenschaftlicher Fortschritt, als ein Prozess, in dem es schrittweise vor-, aber immer auch wieder zurückgeht. Scheitern und Misserfolge gehören zum Forschen dazu und können für sich wiederum wertvolle Erkenntnisse liefern.

Dabei kann empirisches Arbeiten qualitativ und/oder quantitativ erfolgen. Vereinfacht formuliert: Die qualitative Forschung fokussiert auf Einzelfälle, die quantitative auf Zahlen und Häufigkeiten, um auf diese Weise auswertbare Daten zu gewinnen. Je nach Forschungsfrage und Forschungsinteresse können quantitative und qualitative Methoden kombiniert werden. Bei der qualitativen Forschung kommen als Methoden oft Varianten der Inhaltsanalyse zum Einsatz (zum Beispiel von Beobachtungsprotokollen, Interviewmanuskripten etc.). In der quantitativen Forschung werden Statistiken ausgewertet (zum Beispiel Umfrageergebnisse, Datenmaterial jedweder Form).

Um es an einem Beispiel konkret zu machen: Zum Thema „Kommunalpolitik in Deutschland" kann man qualitative Daten erheben, indem ein Kommunalpolitiker einen Tag lang begleitet, beobachtet und ein langes

Interview mit ihm geführt wird. Die Mitschriften, Protokolle und Manuskripte stellen dann die Daten dar, die ausgewertet werden können, um Antworten auf die Forschungsfrage zu entwickeln. Quantitative Daten zum selben Thema kann erheben, wer beispielsweise Zahlen darüber einholt, wie viele Kommunalpolitiker es deutschlandweit gibt, wie alt sie sind, welchen Bildungshintergrund, welche Parteizugehörigkeit etc. sie haben. Diese recherchierten Zahlen können in Statistiken aufbereitet ausgewertet werden.

Bei der Empirie geht es also immer um die Gewinnung von Daten. Wobei Daten freilich nicht zwingend neu gewonnen werden müssen, um eigenständig empirisch zu arbeiten. Oft ist es lohnenswert, sich bereits vorhandenes Datenmaterial mit einer veränderten Forschungsfrage (nochmal) anzuschauen und auszuwerten.

F wie Fachzeitschriften

Wissenschaftliche Ergebnisse werden überwiegend in einschlägigen Fachzeitschriften veröffentlicht. Die monografische Veröffentlichung in Form eines Buches spielt eine untergeordnete Rolle. Aufsätze dominieren das Geschehen in fast allen Disziplinen.

Das kann man bedauern, ändert aber nichts daran, dass sich die *scientific community* hauptsächlich in englischsprachigen *journals* austauscht, Dein Gutachter mit sehr großer Wahrscheinlichkeit ebenfalls (**G** wie Gutachter). Kenne mindestens drei der wesentlichen Fachzeitschriften Deines Faches. Indem Du sie regelmäßig (mindestens einmal im Semester) durchsiehst und Dich durch Querlesen mit den zentralen Aufsätzen und Beiträgen vertraut machst, bekommst Du ein Gespür für Themen, die im Trend liegen, Autoren, die Deine Forschungslandschaft prägen und die Merkmale guter Texte. Viel Text in möglichst kurzer Zeit beurteilen zu lernen, ist von großer Bedeutung für das Erlernen des wissenschaftlichen Arbeitens (**Q** wie Qualität).

G wie Gutachter

Es wird heikel und persönlich, denn Du musst wissen, wie Dein Gutachter tickt – als Wissenschaftler, als Gutachter und als Person. Vergleichbarkeit und Objektivität sind zwar hehre Ziele, aber überall dort, wo Menschen es mit Menschen zu tun haben, beispielsweise an einer Universität, wenn Studierende ihren Professoren Abschlussarbeiten vorlegen, geht es um ein soziales Miteinander, für das sich keine allgemeingültige Checkliste schreiben lässt. Die Situation für Studierende ist aufgrund des Machtgefälles eindeutig – man ist auf seinen Betreuer angewiesen, manche würden hinzufügen: auf Gedeih und Verderb.

Die Spanne ist weit. Manche Professoren führen sich auf wie kleine Fürsten, sind schlecht bis gar nicht erreichbar und zeigen kein Interesse an der Lehre. Andere sind sehr engagiert, vermitteln, geben Hinweise und nehmen sich Zeit. Es gibt hochbezahlte und gut abgesicherte Prüfer (Professoren) sowie solche, die lediglich über befristete 50-Prozent-Stellen verfügen, die sie neben dem Abfassen ihrer Doktorarbeit oder Habilitation ausfüllen (insbesondere wissenschaftliche Mitarbeiter), und es gibt Lehrbeauftragte, die nebenberuflich Vorlesungen und Seminare erteilen. Einen Zusammenhang zwischen der Position Deines Gutachters auf der akademischen Leiter und dessen Fähigkeiten als Betreuer von Studienarbeiten gibt es zwar nicht, dennoch brauchst Du Informationen, um Dich für oder gegen einen Betreuer zu entscheiden. Selbst wenn Du keine Wahl bei der Entscheidung hast, bei wem Du Deine Arbeit schreibst, brauchst Du Hintergrundwissen. Was sind seine Forschungsschwerpunkte? An welchen Themen arbeitet er aktuell? Wie ist seine Schreibe? Darüber hinaus: Was können Kommilitonen über das Betreuungsverhältnis berichten?

Hat man etwas gelernt und, wenn ja, was? Und wie fielen die Betonungen durchschnittlich aus? Auf diese Fragen solltest Du Antworten einholen.

Und darüber hinaus solltest Du Dir darüber klarwerden, was das Ziel Deiner Arbeit ist. Geht es Dir darum, einfach nur zu bestehen, dann wirst Du bei der Auswahl Deines Gutachters auf andere Dinge achten, als wenn Du beabsichtigst, mit Deiner Hausarbeit bei einem Professor Eindruck zu hinterlassen, da Du anstrebst, Dich an seinem Institut als studentische Hilfskraft zu bewerben.

Sei jedenfalls selbst aktiv, ohne zu nerven. Nimm es nicht persönlich, wenn Du keine schnellen Antworten erhältst. Sei in Deinen Anschreiben konkret und spezifisch. Vage gehaltene Mails erhalten vage Rückmeldungen. Formuliere auf den Punkt und versichere Dich, wesentliche Zahlen, Daten und Fakten bereits früh in der Kontaktaufnahme mitzuteilen. Der Empfänger muss rasch wissen, was Dein Anliegen ist und was Du Dir von ihm wünschst.

So könnte etwa eine per Mail versandte Erstanfrage an einen Professor aussehen für den beispielhaften Fall, dass Du eine Arbeit über Kommunalpolitiker schreiben möchtest.

Betreff: Anfrage zur Betreuung meiner BA-Arbeit / Thema: Kommunalpolitik

Sehr geehrter Herr Professor Mustermann,

Ich möchte Sie bitten, meine BA-Arbeit zu betreuen, die ich – so meine Planung – im Mai nächsten Jahres abgeben möchte.

Das Thema stammt aus dem Bereich der Kommunalpolitik. Mich interessieren die Gründe und Motive, weshalb sich kommunalpolitisch Aktive engagieren. Dazu möchte ich empirisch qualitativ arbeiten und Interviews mit Lokalpolitikern führen.

Bitte lassen Sie mich bis zum (zehn Tage entferntes Datum) wissen, ob Sie als Betreuer meiner Arbeit grundsätzlich zur Verfügung stehen, damit ich fristgerecht das Anmeldeprozedere auf den Weg bringen kann. Gerne reiche ich eine vorläufige Gliederung, Ideen und Vorüberlegungen zum Thema zeitnah nach. Über ein gemeinsames Gespräch würde ich mich freuen und bitte Sie daher um einen Termin in Ihrer Sprechstunde.

Mit freundlichen Grüßen

H wie Hausarbeit

Wissenschaftliches Schreiben wird insbesondere eingeübt durch das Verfassen von Hausarbeiten. Auf dem Weg zu den allermeisten universitären Abschlusszeugnissen führt kein Weg an dieser kleinen Form des akademischen Arbeitens vorbei – und das ist gut so. Es wird ohnehin eher zu wenig als zu viel im Laufe des Studiums geschrieben. Dabei ist jede Hausarbeit eine perfekte Möglichkeit, sich darin zu üben. Du solltest diese Möglichkeit nicht an Dir vorbeiziehen lassen. Betrachte jede Hausarbeit als einen Trainingslauf für Deine Abschlussarbeit. Um nichts anderes handelt es sich letztlich auch.

Hausarbeiten unterliegen formalen Vorgaben, inhaltlich existieren dagegen meistens Spielräume. Wie weitreichend diese Vorgaben sind, ist unterschiedlich. Die grobe Struktur jeder Hausarbeit ist klar: Deckblatt, Inhaltsverzeichnis, Einleitung, Hauptteil, Schluss, Literaturverzeichnis, Anhang. Wer sich daran hält, kann nicht falschliegen.

I wie Internationalität

Sprachen lernen, reisen, andere Kulturen erfahren, an Austauschprogrammen teilnehmen – viele Studierende verfügen in ihren jungen Biografien bereits über beträchtliche Auslandserfahrungen. Das unterscheidet die heutige Studierendengeneration von ihren Vorgängern: sich selbstverständlicher einen internationalen Blick auf die Dinge anzueignen. Hinzu kommen die – verglichen mit früheren Studierenden – gewaltigen Möglichkeiten weltweiter Kommunikation und Information, die durch das Internet spätestens mit der Erfindung des Smartphones ab 2007 endgültig alle Lebensbereiche prägen. Auch mit diesem tiefgreifenden Wandel, der zu mehr Internationalität geführt hat und weiterhin führt, gehen jüngere Generationen natürlicher und weitaus unzweifelhafter um als ältere. Doch machen junge Studierende zu selten ihre Vorteile in diesen Bereichen geltend, wenn es darum geht, wissenschaftliche Arbeiten anzufertigen.

Nutze Internationalität zu Deinen Gunsten. Wo immer es Chancen gibt, Deine Auslandserfahrungen einzubringen, solltest Du versuchen, ebendies zu tun, damit Du Deiner Studienarbeit eine besondere, von eigenen Erfahrungen und Erlebnissen gestärkte Färbung verleihst. Es wird Dir (noch) leichter fallen, Dich zu motivieren, wenn Du das Thema Deiner Arbeit mit eigens Erlebtem verknüpfen kannst (**R** wie Resonanz). Deinem Gutachter wirst Du im besten Fall einen nicht alltäglichen Zugang zum Thema präsentieren können, der selbst ihm als Experten neue Erkenntnisse versprechen könnte. Um es konkret zu machen: Wenn Du ein Au-pair-Jahr bei einer Großfamilie in Florida verbracht hast, wirst Du über Familienpolitik in den USA anders schreiben als ohne diese Erfahrung. Warst Du im Bereich der Entwicklungszusammenarbeit in Südostasien tätig, wirst Du eine Arbeit über die Auflösung der Kolonialreiche in dieser Region mit anderem Interesse angehen als ohne diesen Auslandsaufenthalt. Sprichst Du Französisch und studierst BWL? Warum vergleichst Du nicht das französisch- mit dem deutschsprachigen Social-Media-Marketing eines internationalen Sportartikelherstellers? Spielst Du Online-Computerspiele mit Mitspielern aus aller Welt? Über neue Kommunikationsformen beim und durch das Gaming eine Studienarbeit anzufertigen, könnte für Dich diesen besonderen persönlichen und zugleich internationalen Zugang darstellen. Die Möglichkeiten sind vielfältig (T wie Themenfindung).

J wie Jargon

Die wissenschaftliche Sprache ist nicht normiert. Anders als die Struktur und der Aufbau einer Studienarbeit (Mindestanforderung: Einleitung, Hauptteil, Schluss) unterliegt die Sprache innerhalb dieser

Struktur keinen Vorgaben. Das heißt, es gibt keine „richtige" Art, wissenschaftlich zu formulieren. Dementsprechend gibt es ebenso wenig eine rundheraus „falsche" Art zu schreiben. Zwischen diesen beiden Extremen jedoch kann wissenschaftliche Sprache alles sein: treffend, angemessen, pointiert, eindringlich, akzentuiert, zugespitzt, angebracht, adäquat, gemäßigt, schwammig, unbestimmt, allgemein, ungenau etc. Die Liste der Attribute ließe sich beinahe beliebig verlängern.

Sprache in der Wissenschaft ist ein Werkzeug, das man benutzt, um bestmöglich wissenschaftliche Erkenntnisse auszudrücken. Man präsentiert mit der Sprache bestimmte Inhalte – einerseits. Andererseits drückt man mit der gewählten Sprache selbst etwas aus. Die Sprache, die man benutzt, stellt also selbst einen Inhalt dar. Sie ist Mittel und Zweck zugleich. Deshalb ist sie alles andere als gleichgültig oder beliebig.

Um dies an einem Beispiel zu zeigen, betrachten wir die beiden folgenden Sätze:

A) „Als Resultat meiner methodischen Vorüberlegung wurde Kontakt zu Probant A aufgenommen, was vom Verfasser mittels fernmündlicher Kommunikationswege erreicht werden konnte, woraufhin eine Terminvereinbarung erfolgte."

B) „Ich rief meinen Interviewpartner an und vereinbarte einen Termin."

Satz A und Satz B drücken inhaltlich dasselbe aus, und doch ist jedem klar, dass sich beide Verfasser in ihrer Art zu schreiben deutlich voneinander unterscheiden.

Solltest Du nun eher wie A oder eher wie B schreiben? **Antwort:** Es kommt darauf an. Zunächst sollte Deine Entscheidung für oder gegen einen Schreibstil nicht davon geleitet sein, Fehler vermeiden zu wollen. A ließe sich vorwerfen, zu kompliziert zu formulieren. B ließe sich vorwerfen, zu salopp zu schreiben. Vielmehr solltest Du Deine Sprache Deinen eigenen Neigungen und Interessen anpassen. Welcher Stil liegt Dir und geht Dir leicht von der Hand? Du solltest allerdings unbedingt ebenfalls die Erwartungshaltung (Deiner Gutachter) und die Gepflogenheiten Deines Faches mitberücksichtigen. Du schreibst Deine Arbeit schließlich nicht in einem luftleeren Raum. Sobald Du den Jargon Deiner Disziplin kennst und das (zum Teil) in Deiner Arbeit zeigst, beweist dies, dass Du fachspezifisch zu arbeiten in der Lage bist. Dass „Jargon" ein französisches Lehnwort ist und unter anderem mit „Kauderwelsch" übersetzt werden kann, sollte dabei zumindest bekannt sein.

K wie Konstanz

Nicht Kreativität, sondern Konstanz bringt Dich an Dein Ziel. Oft ist das wissenschaftliche Arbeiten ein vergleichsweise einsames Geschäft: stundenlanges Lesen, allein mit seinen Gedanken und Ideen, schreiben, verwerfen, neu schreiben, zweifeln, hadern, korrigieren. Für diesen Prozess die notwendige Geduld aufzubringen, fällt manchem schwer, gerade wenn Ablenkungen allerorten verführerisch erscheinen. Man muss sich trotzdem – beziehungsweise gerade aus diesem Grund! – einlassen können, fokussieren und das Ziel im Auge behalten. Dass Gedanken dabei auch mal abschweifen können, ist nicht weiter schlimm, das ist normal und passiert. Viel wesentlicher ist es, Konstanz zu zeigen. An Tagen, an denen das wissenschaftliche Arbeiten ohnehin Freude bereitet, weil sie leicht von der Hand geht, kostet es keinen Aufwand, diese Konstanz an den Tag zu legen. Sie sind aber weniger entscheidend für das Vorankommen als die Tage, an denen einem die Arbeit schwerfällt, beispielsweise weil die Motivation gering, das Befinden nicht optimal oder die Laune getrübt ist. Mach Dich unabhängig von wechselhaften Stimmungen, indem Konstanz Deine Arbeit trägt. Weder der Flow noch die Blockade bestimmen über Erfolg und Misserfolg, sondern die Konstanz. Halte Dich an

Dein Arbeitspensum, egal, ob es gerade gut läuft oder nicht. Vertraue einer langfristigen Planung, die auf Konstanz fußt, nicht kurzfristigen Motivationssprüngen in die eine oder andere Richtung. Diszipliniert zu arbeiten, ist das A und O, an dem viele Studierende scheitern.

L wie Lerntypen

Menschen lernen auf verschiedene Weisen. Die Art, sich Inhalte bestmöglich zu erschließen, ist individuell. Mit Intelligenz hat das nichts zu tun. Sie zu kennen, ist deshalb von Vorteil, weil anhand dieser Präferenzen die Gestaltung und Aufbereitung der Inhalte gezielt erfolgen kann, damit das Wissen im Gedächtnis bleibt. Es wird zwischen vier Lerntypen nach Frederic Vester unterschieden: dem visuellen, dem auditiven, dem kommunikativen und dem motorischen Lerntyp.

Der visuelle Lerntyp lernt mithilfe von Zeichnungen, Diagrammen, Skizzen, Mindmaps, bunten Unterstreichungen etc. am besten. Er denkt (und lernt) in Bildern. Eigene Mitschriften, farbige Schaubilder und selbst erstellte kleine Grafiken eignen sich für diesen Lerntyp besonders gut. Der auditive Lerntyp lernt vor allem durch das Zuhören. Die klassische Vorlesung kommt ihm entgegen sowie Hörbücher, Podcasts etc.

Der Austausch mit anderen hilft hingegen dem kommunikativen Lerntyp: Er versteht und lernt durch das gemeinsame Diskutieren, das Sprechen, Erörtern und Erklären zusammen mit anderen Lernenden. Referate halten, Lerngruppen bilden oder Lern-Quiz spielen kommen ihm entgegen, um sich den Stoff anzueignen. Der motorische Lerntyp begreift Inhalte insbesondere dann am besten, wenn er, im wahrsten Sinne des Wortes, zugreifen kann, etwas in die Hand nehmen, an einem Modell arbeiten, selbst ein Experiment oder einen Test durchführen kann. Er lernt durch Learning by Doing sowie in Rollenspielen besonders rasch.

Finde heraus, welcher Lerntyp Du bist, und berücksichtige diese Erkenntnis über Dich in Deinem Lernalltag. Online findest Du viele Tests, mit denen Du durch einfache Fragen erfahren kannst, welcher Typ bei Dir überwiegt. Denn immer liegen Mischformen vor. Du hast Anteile aller vier Lerntypen in Dir, jedoch sind sie unterschiedlich stark ausgeprägt. Wenn Du Deine Neigungen als Lerntyp kennst, weißt Du, wie Du Dein Lernverhalten verbessern kannst. Falls Du ein stark visueller Lerntyp bist, Dein Studium aber ausschließlich aus Frontalunterricht und Vorlesungen besteht, musst Du selbstständig für die visuelle Veranschaulichung des Stoffes sorgen – und kannst Dir die Zeit im Hörsaal sparen, sofern Du Dir dasselbe Wissen beispielsweise aus einem Lehrbuch aneignen kannst. Achte aber darauf, dass alle lerntypischen Formen – das Sehen, das Hören, das Sagen, das Machen – idealerweise zumindest zu geringen Anteilen mitangesprochen werden und Du keinen Bereich gänzlich auslässt. So verbessert sich Dein Lernergebnis.

M wie Material

Alles ist Material, das ausgewertet werden kann. Daten haben tausend Gesichter, wie oben bereits deutlich geworden ist. Sie zu sammeln, zu sortieren und zu archivieren, so dass sie Deinem Ziel – dem Verfassen einer Studienarbeit – bestmöglich zugutekommen, lautet die Aufgabe. Dabei sollte Materialsammlung langfristig angelegt sein, unabhängig davon, ob Du Deine Mitschriften und Notizen in einem Zettelkasten aufbewahrst oder in einer digitalen Literaturverwaltung: Sortiere Deine Daten langfristig. Das Recherchematerial einzelner Studienarbeiten kann und sollte Ausgangspunkt künftiger Arbeiten sein, vielleicht Deiner Bachelor- oder Masterarbeit. Die Dinge thematisch aufeinander aufbauen zu lassen sowie Verbindungen zu erkennen und herzustellen, ist beim Anlegen und Wachsen der eigenen Materialsammlung von Vorteil und sollte immer den Vorzug vor sprunghaften Einzelunternehmungen erhalten. So erschließt Du Dir Schritt für Schritt Deine Disziplin sinnvoll, strukturiert und effizient.

N wie Niederlagen

Im Studium wirst Du Rückschläge und Enttäuschungen erleben sowie Kritik einzustecken haben. Lerne, damit umzugehen, und versuche, daran zu wachsen. Du wirst Überforderung erfahren und Grenzen kennenlernen – insbesondere in Prüfungssituationen sowie bei der Aufgabe, eine Studienarbeit zu verfassen. Mag sein, dass Dir zum ersten Mal in Deinem Leben eine Aufgabe als nicht zu bewältigen und viel zu groß erscheinen wird – sei es wegen eines umfangreichen Lernpensums, sei es wegen des Zeitdrucks, sei es aufgrund von Stress, weil es eine bestimmte Note zu erreichen gilt. Mag sein, dass Du an manchen Stellen das Gefühl bekommen wirst, nicht zu genügen und weder den eigenen Ansprüchen noch denen, die das Studium an Dich stellt, gerecht zu werden. Mag sein, dass Du scheiterst und durchfällst, vielleicht sogar aufgibst. Aber lass nicht zu, dass eine (gefühlte) Niederlage Dein Denken und Handeln bestimmt, Deine übergeordneten Ziele torpediert. Auch die Niederlage ist letztlich nur das, was Du daraus machst und wie viel

Raum Du ihr in Deinem Gedanken- und Gefühlshaushalt gibst. Mit Frust, Enttäuschung und womöglich auch Ablehnung umzugehen als selbstverständlicher Teil des eigenen beruflichen (und privaten) Weges, ist essenziell, weil ohne die Bewältigung dessen Freude, Zufriedenheit und das gute Gefühl der Zielerreichung wertlos wären. Das eine ist ohne das andere nicht zu haben. Niederlagen wegzustecken und daraus neue Stärke zu gewinnen, ist der Schlüssel für langfristigen Erfolg.

O wie Operationalisierung

Neben der Auswahl, Herleitung und Begründung von Thema und Forschungsfrage Deiner Studienarbeit ist die Operationalisierung das wohl größte Einfallstor für Fehler und Ungenauigkeit. Es gibt kaum einen Prüfer, der nicht Anmerkungen zur Operationalisierung einer Arbeit macht, sie lobt oder bemängelt. Letzten Endes lässt sich an ihr immer Kritik üben, da die Operationalisierung bei einer Studienarbeit gut begründete Entscheidungen des Autors verlangt, gegen die sich stets Einwände formulieren lassen (mal triftige, mal weniger triftige). Die Operationalisierung ist also eine heikle Stelle Deiner Arbeit, an der Vorsicht geboten ist.

Dabei wird der Teil einer Studie „Operationalisierung" genannt, in dem theoretische Begriffe messbar gemacht werden. Wer operationalisiert, bereitet eine Theorie, ein Modell, die forschungsleitende Frage oder Hypothese für die anschließende empirische Prüfung vor. Es handelt sich um eine Konkretisierung.

An einem Beispiel vereinfacht dargestellt:

In der Forschungsfrage Deiner Studienarbeit geht es um die beiden (theoretischen) Begriffe „Armut" und „Mobilität". Du hast aus Deinen Recherchen und der Literatur die Frage entwickelt, inwiefern der Grad der individuellen Mobilität Einfluss auf die Armutsgefährdung hat (oder nicht). In der Operationalisierung werden nun diese Begriffe – „Armut" und „Mobilität" – vor dem Hintergrund der gewählten Forschungsfrage in Variablen umgewandelt. Für den Begriff „Armut" ließen sich beispielsweise die Variablen Einkommen und Bildungsstand benennen. Für den Begriff „Mobilität" ließen sich die Variablen berufliche und private Beweglichkeit formulieren. Natürlich muss gut begründet werden, weshalb Du welche Variablen gewählt hast und welche Vor- und welche Nachteile damit verbunden sein könnten. Dasselbe gilt für die Auswahl der Indikatoren, mit denen die Variablen messbar gemacht werden. Für die Variablen Einkommen und Bildungsstand könnten das monatliche Nettoeinkommen sowie der höchste Berufsabschluss sinnvoll ausgewählt werden. Für die Variablen der beruflichen Mobilität könnte die tägliche Distanz zum Arbeitsplatz (sofern vorhanden) sowie für die private Mobilität die Distanz zur nächstgelegenen U-Bahn-Haltestelle als Indikatoren genannt werden.

Das Ergebnis jeder empirischen Untersuchung hängt ganz wesentlich von der Ausgestaltung der Operationalisierung ab – und damit ebenso die Qualität der Studienarbeit insgesamt. Es müssen drei Qualitätskriterien bei der Operationalisierung gegeben sein, die Gütekriterien empirischer Forschung:

1. **Objektivität beziehungsweise intersubjektive Nachvollziehbarkeit:** Das heißt, dass Dein Vorgehen offen, transparent und nachvollziehbar von Dir in der Studienarbeit dargestellt wird, einschließlich Deiner Vorannahmen und des Ablaufs des Verfahrens.
2. **Reliabilität:** Damit ist die Verlässlichkeit Deines methodischen Vorgehens gemeint. Sie ist dann gegeben, wenn selbst bei Wiederholung zuverlässige Ergebnisse erzielt werden können, wenn Dein Test oder Deine Messung genau ist.

3. **Validität:** Darunter versteht man die wissenschaftliche Gültigkeit. Ein Test oder eine Messung sind dann valide, wenn sie tatsächlich das messen, was sie messen sollen, und somit überzeugende Resultate erzielen.

Mit Blick auf Deine Gliederung findet die Operationalisierung vor der Erhebung und Auswertung Deiner Daten statt. Sie ist ein selbstverständlicher Teil empirischer Forschungsarbeiten. Aufpassen solltest Du aber, dass Du Dich nicht in der teils ausladenden theoretischen Literatur über die vermeintlich richtige Methodik verlierst.

P wie Prüfungsangst

Du wirst in Deinem Studium Tests, Klausuren, Hausarbeiten, mündliche Prüfungen und Examen durchlaufen, eine Vielzahl verschiedener Prüfungssituationen also. Stress ist da normal. Doch Stress wird von jedem Menschen anders empfunden und verarbeitet. Übersteigerter und wiederkehrender Stress aufgrund bevorstehender Prüfungen nennt man Prüfungsangst. Der Körper kann mit Schwitzen, Übelkeit oder Atemnot reagieren, teils Tage und Wochen vor der anstehenden Prüfung. Das Hormon Adrenalin wird ausgeschüttet. Sorgen, Aufgeregtheit, Nervosität, ja sogar die Angst vor der Angst lähmen Körper und Geist. Es kann ein gefährlicher Kreislauf aus negativen Gedanken und fortwährender Angst entstehen, der das Handeln und Verhalten bestimmt (und lahmlegt). Spätestens, wenn Ängste den Alltag dominieren, gar Panikattacken auftauchen, ist es höchste Zeit für professionelle Hilfe. Unterhalb dessen gibt es zahlreiche Tipps, die helfen können: Atemübungen und Meditation, Sport und Bewegung, Entspannung, eine ausgewogene Ernährung, ausreichend Schlaf. Selbstverständlich hilft immer auch eine langfristige strukturierte Prüfungsvorbereitung.

Allesamt sind dies maßgebliche Punkte, doch die Wurzeln von Ängsten liegen überwiegend in den eigenen Gedanken. Ausgleich, Ablenkung und Zerstreuung mögen sinnvolle Ergänzungen sein, jedoch ersetzen sie nicht die Beschäftigung mit dem mentalen Haushalt, die ein jeder selbst vorzunehmen hat, ob allein oder mit Unterstützung. Ängste sind heilbar. Es gibt erprobte Therapieformen. Und auf Gedanken kann man Einfluss nehmen, sie zum Beispiel verwandeln. Oft ist es nicht die Prüfung selbst oder ihre Folgen, die Angst machen, sondern es sind die selbst konstruierten Gedanken rund um die Prüfung. Mach Dir klar, dass nicht das Ereignis selbst angstmachend ist. Führe Dir vor Augen, wie Du andere vergleichbare

Prüfungen in der Vergangenheit bestanden hast. Wiederhole wie ein Mantra, dass Du auch diese Prüfung bestmöglich absolvieren wirst, und sieh sie als Chance an, Deine Fähigkeiten unter Beweis stellen zu können. Prüfungen sind Entwicklungsschritte.

Q wie Qualität

Es ist eine Qualität, Qualität zu erkennen, die im Studium (und genauso im Beruf) eine enorme Bedeutung besitzt, allerdings kaum vermittelt wird. Zugegebenermaßen ist diese Qualitätskompetenz schwierig zu erwerben. Es braucht Erfahrung. Umso bedeutender ist es, früh anzufangen. Sei beständig auf der Suche nach Texten, Büchern und Artikeln (ebenso nach Lehrern, Freunden, Gesprächen und Momenten), die Dich bereichern und Dich auf Deinem akademischen Werdegang weiterbringen (**R** wie Resonanz). Umgib Dich mit diesen „guten" Einflüssen, halte beständig Ausschau nach neuen Bereicherungen, und Du wirst Dich in diesem fortwährenden Prozess automatisch selbst verbessern. Das Problem dabei ist jedoch, dass Qualität nicht einfach zu entdecken ist. Sie ist oft leise. Du musst loslegen (**A** wie Anfang) und Dich vorantasten, lesen und verwerfen. Je mehr Studien Du gelesen hast, desto schneller fallen Dir Eigenheiten, Gelungenes, aber auch Fehler auf. Je mehr qualitativ hochwertige wissenschaftliche Literatur Du gelesen hast, desto ausgeprägter wird Dein Maßstab für „gute" Texte. Je mehr „schlechte" Schreibstile Dir geläufig sind, desto sicherer wirst Du nicht nur in der Beurteilung, sondern auch im Einsatz und bei der Ausprägung eines eigenen „guten" Schreibstils.

Dass Qualität und Qual nur vier Buchstaben voneinander trennen, ergibt durchaus Sinn. Der Weg, Qualität erkennen zu lernen, ist zum einen mühsam und aufwändig. Zum anderen wird nicht zufriedener, wer Qualität zu erkennen gelernt hat, sondern eher unzufriedener, da die beständige Suche nach Qualität zunehmend weniger Erfolgserlebnisse zeitigt. Diese leichte Unzufriedenheit braucht es aber zwingend als Motor auf dem Weg zum Erfolg.

R wie Resonanz

Rückmeldungen zu Deiner Arbeit bezeichnet man oft als Resonanz. Sie erhält man (zumeist von einem Dozierenden) schriftlich oder mündlich, sie kann Kritik, Lob, Anregungen, Fragen und Vorschläge beinhalten. Nutze diese Art von Rückmeldungen, um Deine Arbeit zu verbessern. Gute Rückmeldungen sind nicht allein formaler Natur, sondern überwiegend inhaltlicher. Sie machen keine Vorgaben, sondern fordern Dich heraus, genauer über den einen oder anderen Punkt nachzudenken, besser zu begründen, zu überarbeiten, zu korrigieren oder zu verwerfen.

Resonanz hat also im Sinne von externen Rückmeldungen Wert, aber ebenso im Sinne einer inneren Verbundenheit. Gemeint ist damit der Grad, mit dem Du Dich mit Deiner Arbeit identifizierst, sie ein Stück Deiner selbst ist, um es pathetisch zu formulieren. Diese Verbundenheit trägt Dich und motiviert Dich, auch über manche Durststrecke hinweg. Natürlich lassen sich kurze Hausarbeiten auch frei jeder Verbundenheit abarbeiten (**T** wie Themenfindung), jedoch wirst Du in diesem Modus kein Herzblut transportieren können, keine durchdringende Neugier entwickeln, nicht den unbändigen Forschergeist demonstrieren, der wissenschaftlich denkende Köpfe von akademischen „Abarbeitern" unterscheidet. Den Pragmatiker mag das nicht anfechten, auf lange Sicht – spätestens im Beruf, meist bereits beim Verfassen einer längeren Abschlussarbeit – macht die Fähigkeit, sich selbst mit seinem Thema und seiner Tätigkeit in Resonanz zu befinden, einen Unterschied. Nutze die Gelegenheit, dies zu erfahren und einzuüben, bereits im Rahmen vermeintlich kleiner Studienarbeiten.

S wie Standbein

Sei realistisch, blicke vernünftig auf die Dauer und das Ziel Deines Studiums. Plane entsprechend vor, indem Du neben der Uni weitere Standbeine für Dich entdeckst und entwickelst. Denn Deine Zeit in der Wissenschaft ist sehr begrenzt. Eine berufliche akademische Karriere mit dem Ziel, Professor an einer Universität zu werden, ist zwar nicht ausgeschlossen, aber extrem unwahrscheinlich. Selbst wenn Du alles auf dem langen Weg zum Ruf auf eine Professur perfekt erledigst, droht am Ende das Scheitern. Du kannst Dein Studium und Deine Promotion mit Bestnoten absolvieren, in Forschung und Lehre als wissenschaftliche Nachwuchskraft glänzen, Veröffentlichungen in den renommiertesten Fachzeitschriften hinlegen, Dich habilitieren und Gastaufenthalte an den besten internationalen Universitäten im Lebenslauf vorweisen und dennoch anschließend im Alter von etwa 40 Jahren aus dem System fliegen, da die Stellen rar sind. Es kommt eine Reihe von weiteren Gründen hinzu, weshalb es nicht (mehr) lukrativ ist, als Professor zu arbeiten wie beispielsweise die Bürokratisierung des Hochschulwesens und der Druck einer spezifischen Forschungsförderungskultur, die man aber hier nicht weiter ausführen muss, um zu verdeutlichen: Das verträumte Bild von Professoren, die frei forschend in ihren Schreibstuben grübeln, vor vollen Hörsälen große Vorlesungen halten und wichtige, viel beachtete Bücher publizieren und noch dazu fürstlich verdienen, ist falsch.

Nutze Dein Studium, um Dir die Kenntnisse und Fähigkeiten des wissenschaftlichen Arbeitens für Deinen späteren Lebensweg anzueignen, um von den vielen Vorteilen zu profitieren, aber binde Deinen Lebensweg nicht auf Gedeih und Verderb an einen akademischen Betrieb, der schlechte Perspektiven bietet. Halte früh Ausschau nach Standbeinen außerhalb der Wissenschaft. Sei pragmatisch im Hinblick auf Dein Studium.

Dein Status als Studierender bietet Dir beste Möglichkeiten, Praktika, Hospitationen oder Sommerjobs während des Studiums zu absolvieren oder als Werkstudent oder freier Mitarbeiter tätig zu werden. Finde heraus, was Dir gefällt, und bilde Dich während Deines Studiums weiter. Lerne Neues abseits Deines Curriculums – das zählt nach dem Abschluss Deines Studiums oftmals mehr als Dein Notenschnitt während des Studiums.

T wie Themenfindung

Worüber schreibst Du? So einfach die Frage, so schwierig scheint oftmals die Antwort zu sein. Nicht selten hadern Studierende damit, ein geeignetes Thema zu finden und einzugrenzen. Dabei gibt es meist zwei Wege zum Thema Deiner Studienarbeit: Entweder Dein Dozent gibt es vor oder Du selbst wählst es. Wenn Du das Thema vorgegeben bekommst, liegt die Schwierigkeit natürlich nicht in der Themenfindung, mit der Du nichts zu tun hast, sondern in der Umsetzung. Wer das Thema genannt bekommt, hat häufig das Problem, dass es mit den eigenen Neigungen und Interessen nicht übereinstimmt (**R** wie Resonanz); die Bearbeitungsmotivation sinkt, was wiederum nicht selten zu schlechteren Ergebnissen führt. Falls Du also die Möglichkeit dazu hast, bestimme Dein Thema selbst.

Meist zu Beginn der Vorlesung oder des Seminars wird ein Ablaufplan ausgeteilt, die einzelnen Themen der Sitzungen kurz vorgestellt, oft bereits mit Literaturhinweisen. Die eigenen Mitschriften und Notizen sowie die Folien, Vorträge, Referate und Präsentationen, die während der Veranstaltung entstanden sind, sind der Ausgangspunkt für die Themenfindung. Schaue sie durch, und zwar entlang dieser drei Fragen: Was interessiert mich? Was sind unklar gebliebene Stellen? Wo verfüge ich über Vorerfahrungen? So filterst Du diejenigen Themen heraus, die für Dich geeignet sind. Zwei bis drei Themen solltest Du für Dich bestimmen, die Du für machbar und sinnvoll erachtest. Je nachdem, welches Vorgehen Dein Dozent wünscht, nimmst Du Kontakt auf, vermutlich per E-Mail, und bittest um Zustimmung zu Deinem Thema. Ob Du ein oder zwei Themen vorschlägst, musst Du selbst entscheiden. Wichtiger ist, dass Du nicht nur das Thema benennst, sondern mit drei bis vier Sätzen (nicht mehr, aber auch nicht weniger) mitteilst, was innerhalb dieses Themas Du bearbeiten und herausfinden möchtest. Denn hast Du ein Thema gefunden, musst Du es eingrenzen – je geringer der Umfang Deiner Studienarbeit, desto fundamentaler ist eine starke Eingrenzung, damit Deine Studienarbeit nicht aus den Fugen gerät.

Dafür gibt es mehrere Möglichkeiten. Zeit und Raum zu verengen, ist eine davon. Wenn Du beispielsweise im Bereich der Arbeitsmarktökonomik zum Thema „Die Zukunft des Arbeitsmarktes" eine Studienarbeit verfassen möchtest, könntest Du verengen, indem Du statt allgemein „die Zukunft" die Zeiteinheit reduzierst und als Raum nicht allgemein den „Arbeitsmarkt", sondern einen ganz bestimmten Bereich des Arbeitsmarktes wählst.

Der Titel Deiner Arbeit könnte dann lauten: „Über die Zukunft des Arbeitsmarktes – Die Entwicklung des Arbeitskräfteangebots kleiner- und mittelständischer Unternehmen in Schleswig-Holstein in den nächsten zehn Jahren. Zwei aktuelle Studien im Vergleich."

„Zukunft" wird mit „in den nächsten zehn Jahren" konkretisiert und aus „Arbeitsmarkt" wird „Arbeitskräfteangebot". Mit „kleiner- und mittelständischer Unternehmen in Schleswig-Holstein" ist eine akteursspezifische, fallbeispielhafte Eingrenzung vorgenommen. Mit dem Zusatz „zwei aktuelle Studien im Vergleich" wird bereits klar, mit welchen beiden primären Quellen Du arbeiten wirst, nämlich mit zwei Studien, die Du auswertest. Auch diese Auswahl – nämlich auf diese beiden Studien – stellt eine sinnvolle Fokussierung dar. Insbesondere die Aktualität bietet gute Möglichkeiten, Themen einzugrenzen. Halte Ausschau nach aktuellen Studien zu Deinen Themen, nach Kontroversen, Irritationen, gegenläufigen Meinungen und neuen Ergebnissen, damit Du sie für eine Eingrenzung nutzen kannst.

Eingrenzungen sind ebenfalls sehr gut über Fallbeispiele zu erreichen. So könntest Du anstatt „zwei Studien im Vergleich" genauso „am Beispiel der Firma Mustermann" arbeiten, um zu Ergebnissen zu kommen, wenn Dir geeignete Daten (**M** wie Material) zur Firma Mustermann vorliegen sollten.

Um Themen aufzuspüren, lohnt es sich außerdem, jeweils im Fazit von Fachaufsätzen zu stöbern (**F** wie Fachzeitschriften). Dort, aber manchmal auch bereits vorher an der Stelle, an der der Stand der Forschung wiedergegeben wird, verweisen Autoren gerne auf bestehende Forschungslücken und formulieren mögliche interessante Fragen für Anschlussforschung. Halte bei Deinen Recherchen Ausschau danach, denn sie könnten Dir direkte Belege dafür liefern, weshalb Deine Arbeit wertvoll und von wissenschaftlichem Interesse ist. Zugleich würdest Du Deinen Prüfer bereits mit Deinem Themenvorschlag beweisen, dass Du wissenschaftlich zu arbeiten verstehst, indem Du Fachaufsätze liest und für Dein eigenes Studium nutzt.

U wie Unterbrechungen

Unterscheide Pausen von Unterbrechungen. Eine Pause findet geplant und routiniert statt. Du bestimmst darüber, wann und wie lange sie ausfällt. Du beginnst sie und Du beendest sie, bist also aktiv. Eine Unterbrechung ist hingegen etwas, das Dir zunächst geschieht. Sie kommt von außen, ohne dass Du Einfluss darauf hättest – als eine Störung, ein Geräusch, ein Gedanke, ein Knacken. Dann aber lässt Du es geschehen, Du lässt Dich ablenken und es kommt zu einem Abbruch Deiner Überlegungen. Es ist nicht leicht, denn die Anzahl an Ablenkungen ist heutzutage groß und nimmt weiter zu. Die Anforderungen an das Verfassen von Studienarbeiten bleiben in den Grundzügen jedoch dieselben: konzentriertes Denken, Lesen und Schreiben. Allesamt Tätigkeiten, für die man zwingend Ruhe und Zeit benötigt.

Verbanne Deine Störfaktoren, so gut es geht, und gewinne auf diese Weise mehr Kontrolle über Deine Arbeitszeiten und Pausen, damit Du Unterbrechungen bestmöglich vermeidest. Selbstbeobachtung hilft dabei: Sobald Du bemerkst, dass Du Dich in einer Unterbrechung befindest, mach Dir klar, dass Du nicht selbst in der Kontrolle über Deinen Arbeitsfortschritt bist und Du Schwierigkeiten bekommst, Deinen Zeitplan einzuhalten. Gerade, weil Du Deinem Zeitplan vertraust, der gut getaktete Arbeitsphasen, Pausen und Freizeit ohnehin vorsieht, solltest Du jede Unterbrechung unterbinden, sobald sie sich breitmacht, und Dich wieder auf das konzentrieren, was Du zu tun hast.

Ein spezifischer Fall der Unterbrechung ist die berühmt-berüchtigte Schreibblockade. Allerdings verliert sie ihr Geheimnis, wenn man sich ihr nähert. Denn oft ist sie bloß ein Platzhalter für dahinterliegende Gründe, die den Arbeitsprozess stören. Über eine Schreibblockade klagt ganz überwiegend, wer gestresst ist, über nicht genügend Schreibpraxis verfügt, zu hohe Erwartungen an sich selbst hat, ein schlechtes Zeitmanagement besitzt, inhaltliche Schwierigkeiten, gesundheitliche Probleme und/oder mangelndes Grundwissen hat. Einzeln lassen sich für jedes dieser Motive, die Schreibblockaden verursachen können, geeignete Lösungen entwickeln. Dafür muss man sie identifizieren und angehen. Eine Schreibblockade auf einen Schlag pauschal aufzulösen, dafür gibt es hingegen kein Rezept.

V wie Vereinbarkeit

Erkenne an, dass Arbeiten – ob im Studium oder anschließend im Beruf – ein wichtiger Teil Deines Lebens ist und bleibt. Du wirst eine Vielzahl von Stunden „auf der Arbeit" verbringen, unabhängig davon, welcher Art von Beschäftigung Du nachgehen wirst, wo und wie. Daher ist nicht nur Resonanz von besonderer Bedeutung, sondern auch Vereinbarkeit: ein langfristig gesundes und erfüllendes Arbeiten als Teil Deines Lebens.

Nun ist das Thema „Vereinbarkeit" komplex, da die Lebensentwürfe, Ziele und Ansprüche sich (zunehmend) voneinander unterscheiden. So wird unter Vereinbarkeit insbesondere die Vereinbarkeit von Beruf und Familie verstanden. Neben der Karriere soll ausreichend Zeit für die Familie sowie für Freunde und Freizeit wie beispielsweise ehrenamtliches Engagement zur Verfügung stehen. Gleitzeit und Teilzeit, flexible Arbeitsphasen, Telearbeit und Homeoffice, Sabbaticals, Elternzeit und Wiedereinstiegshilfe sowie insgesamt eine vermehrt familienfreundlichere Arbeitskultur haben in den vergangenen Jahren viel Gutes bewirkt und den Beschäftigten geholfen. So dynamisch sich die Arbeitswelt verändert, so sehr werden sich auch die Möglichkeiten der Vereinbarkeit zukünftig weiterentwickeln.

Ob Du jedoch davon profitierst, ist pauschal nicht zu beantworten, weil sich Lebensläufe nicht am Reißbrett planen lassen und sich arbeitsmarktpolitische Entwicklungen ändern können. Deshalb solltest Du Deine Blickrichtung früh umkehren und Dich fragen, wie gut Dein Studium und später Deine berufliche Tätigkeit mit der Erreichung Deiner persönlichen Ziele im Leben vereinbar sind oder nicht. Hier werden rasch individuelle Werte berührt. Wie wichtig sind Dir Geld, Karriere oder Titel? Wie bedeutend sind für Dich Familie, Freunde und Freizeit? Wie möchtest Du in zehn, zwanzig, dreißig Jahren leben? Bevorzugst Du Sicherheit oder Freiheit? Individualität oder Bindung? Kreativität oder feste Strukturen? Worin findest Du Freude, Erfüllung und Glück?

In Bezug auf diese schwierigen Fragen gibt es – natürlich – kein Richtig oder Falsch. Hinzu kommt, dass Deine Antworten auf Fragen wie diese, je nachdem, in welchem Abschnitt Deines Lebens Du Dich befindest, unterschiedlich ausfallen werden. Das macht nichts. Entscheidend ist vielmehr, dass Du diesen Prozess beginnst. Die ernsthafte Beschäftigung mit solch grundlegenden Fragen hilft Dir bereits, den für Dich richtigen Kurs zu finden. Dein Studium und Deine Arbeit sollen Deine Lebensziele ermöglichen und ihnen nicht im Weg stehen. Frage Dich daher: Ist Dein Studium mit Deinen Vorstellungen von einem guten Leben vereinbar, weil es entweder im Hier und Jetzt oder perspektivisch dazu einen Beitrag zu leisten vermag?

W wie Wikipedia

Nutze Wikipedia, aber verwende weder Wikipedia noch andere Internetplattformen, die auf Schwarmintelligenz setzen und nicht klar akademisch zugeordnet werden können, als Quellen in Deiner Studienarbeit. Die Zitierbarkeit ist schlecht beziehungsweise nicht vorhanden. Und für die Qualität der Texte und Informationen, die immer auch Fehler enthalten können, hast Du lediglich anonyme Bürgen. Deshalb darf Wikipedia nicht in Deiner Studienarbeit auftauchen (es sei denn, Wikipedia selbst ist Teil Deiner Untersuchung). Dasselbe gilt natürlich für YouTube.

Das heißt nicht, dass Du Wikipedia und YouTube nicht benutzen kannst, um Dich zu orientieren und Dir rasch einen ersten Überblick zu verschaffen. Die Recherche auf Wikipedia, das Surfen in den Unterseiten und das Durchklicken der Links von einem Beitrag zum nächsten kann helfen, in kurzer Zeit Bezüge herzustellen, wie es beispielsweise durch die Lektüre von Lehrbüchern so nicht möglich ist (T wie Themenfindung).

X wie Xenokratie

Wenn Fremdes in einem bestimmten Gebiet herrscht, lässt sich das als Xenokratie verstehen, als Fremdherrschaft also. Schütze Dich davor, dass Dein wissenschaftliches Arbeiten fremdbestimmt wird. Sorge dafür, dass der Anteil, den Du selbst für Deine Studienarbeit aufbringst, möglichst hoch ist. Entwickle eigene Ideen und setze sie um. Lass Dir helfen, lass Dich aber nicht drängen. Du bestimmst über Deine Arbeit: Autor kommt von Autorität. Und Souveränität ist ein wesentliches Ziel wissenschaftlichen Arbeitens. Das Studium bietet Dir die Gelegenheit, das Verfassen akademischer Texte einzuüben und Dich zu verbessern. Wer eigene Arbeiten entwirft und umsetzt, lernt am meisten, verbessert sich Stück für Stück und gewinnt vor allem an Sicherheit. Die Erfahrung, von einer Idee über die ersten Gliederungsentwürfe einzelner Kapitel bis hin zu Layoutfragen eine Studienarbeit eigenständig gemeistert zu haben – und dann auch noch mit einer guten Benotung –, stärkt und stimmt Dich zuversichtlicher für alle weiteren vergleichbaren Aufgaben (die ganz sicher im Studium oder im Berufsleben kommen werden). Du versagst Dir selbst diese positive Erfahrung, wenn Du schummelst, diesen teils mühsamen Weg abzukürzen versuchst oder auf andere Weise Deine Selbstbestimmung aufgibst.

Y wie Yak-Fleisch

Im tibetischen Hochland ist Yak-Fleisch ein wichtiges Nahrungsmittel. Etwa die Hälfte des dort verspeisten Fleisches stammt von der robusten Rinderart. Nahezu fettfrei, reich an Proteinen und Vitaminen, Eisen und Zink und dabei kalorienärmer als das Rindfleisch hierzulande, ist Yak-Fleisch ernährungstechnisch keine schlechte Wahl in Zeiten der Belastung. Selbst wenn Du Dich nicht zum Bergsteigen in die zentralasiatischen Hochebenen begibst, spielt Ernährung eine entscheidende Rolle für Deine Leistungsfähigkeit. Es muss kein Yak-Fleisch sein, aber achte darauf, dass Du gesund isst, ernähre Dich ausgewogen, trinke reichlich, verzichte auf übermäßigen Alkoholkonsum und bewege Dich regelmäßig, schlafe ausreichend.

Z wie Zeitungslektüre

Eigne Dir Wissen über aktuelle Vorgänge an und verbessere Deine Allgemeinbildung. Dieses Ziel steht scheinbar im Gegensatz zum Verfassen einer Studienarbeit. Schließlich fokussiert eine solche stark auf eine einzelne detaillierte Frage, für deren Beantwortung Fachwissen und das wissenschaftliche Handwerkszeug vonnöten sind. Allerdings findet sie nicht im luftleeren Raum statt, ist nicht isoliert von seinen Entstehungsbedingungen zu verstehen, vom Zeitgeist. Moden und Trends prägen nämlich auch die Ausrichtung wissenschaftlicher Forschung. Je solider und umfassender Deine Basis der Allgemeinbildung ist, desto passgenauer kann die Spezialisierung erfolgen und desto fähiger bist Du, Bezüge, Schnittstellen und Forschungslücken zu erkennen. Politik, Wirtschaft, Finanzen, Kultur und Gesellschaft – letztlich hängt alles mit allem zusammen.

Am besten, am schnellsten und mit der niedrigsten Ablenkungsgefahr informierst Du Dich breit und allgemein durch die Lektüre mehrerer Tages- und Wochenzeitungen. Gerade in Zeiten von sehr individualisiertem Nachrichtenkonsum sind die klassischen Zeitungen (aus Papier) die vielleicht letzte Tag-für-Tag-Quelle einer veröffentlichten Gesamtwirklichkeit, die auf Vollständigkeit, auf thematische Weite und auf ein breites Spektrum an Lesern abzielt. Natürlich hat jede Zeitung eine spezifische Ausrichtung. Zudem verfügt das „System Medien" über Besonderheiten, beispielsweise bei der Nachrichtenauswahl. Und dennoch erfährst Du durch die Lektüre, was die Gesellschaft (zum überwiegenden Teil) beschäftigt. Durch das Durchblättern der wesentlichen Zeitungen, die in jeder größeren Bibliothek ausliegen, stellst Du

Dich breiter auf und übst Dich darin, Verknüpfungen zu erkennen (**S** wie Standbein). Du surfst gewissermaßen auf der Aktualität, wodurch Du auf Fragen und Probleme in Bezug zu Deiner Fachrichtung stoßen kannst, die Dir sonst verborgen geblieben wären (**T** wie Themenfindung). Schlussendlich versetzt Dich die Zeitungslektüre in die Lage „mitzureden", was für Dich in fast jeder erdenklichen Situation vorteilhaft ist – egal, ob auf einem Familienfest, bei einem Vorstellungsgespräch oder in einer mündlichen Prüfung.

FOLLOW THE SCIENCE – vom wissenschaftlichen Mindset ein Leben lang profitieren

Man könnte meinen, ein Studium sei bereits deshalb attraktiv, weil es sich später im Portemonnaie niederschlage. Die Zahlen schließlich sprächen für sich: Wer ein Hochschulzeugnis in der Tasche habe, egal welcher Fachrichtung, verdiene durchschnittlich mehr Geld als diejenigen, die nicht über solch eine Urkunde verfügen. So informierte der StepStone-Gehaltsreport Ende 2022, dass Akademiker ein Gehalt von 68.000 Euro im Jahr verdienten, wohingegen Beschäftigte ohne Studium ein Einkommen in Höhe von 45.000

Euro jährlich erzielten. Allerdings sind die Unterschiede von Akademiker-Gehältern enorm und variieren stark nach Studienrichtung. Während Absolventen der Ingenieurswissenschaften, Wirtschaftsingenieurwesen, IT (Informatik), Medizin und Zahnmedizin auf Einstiegsgehälter über 50.000 Euro kommen, bleiben Geistes- und Kulturwissenschaftler, Architekten, Geografen und Historiker unter der Marke von 40.000 Euro pro Jahr. In erstgenannter Gruppe ist ein weiterer zügiger Aufstieg mit zunehmender Berufserfahrung in (noch) höhere Einkommensklassen sehr wahrscheinlich, in zweitgenannter Gruppe ist dies schwieriger. Nimmt man hinzu, dass gerade technisch-handwerkliche Bildungswege in vielfacher Weise gute Chancen bieten, ein hohes Einkommen zu erzielen, sollte deutlich werden: Sein Studium allein wegen der Aussicht auf ein zukünftig hohes Einkommen zu absolvieren, kann zur riskanten Wette werden, zumal in komplexen Zeiten, in denen sich der Arbeitsmarkt rasch entwickelt. Und außerdem: Ob die Motivation, viel Geld zu verdienen, hinreicht, um ein forderndes Studium wie beispielsweise das der Humanmedizin oder der Wirtschaftsinformatik zu absolvieren, darf bezweifelt werden.

Es braucht also mehr – und ein erfolgreich abgeschlossenes Studium bietet Dir in der Tat viel mehr als

„nur" die Chance auf ein einträgliches Einkommen: Es bietet Dir die Gelegenheit, Dir ein wissenschaftliches Mindset anzueignen, das Dein Leben bereichert. Deine Denkweise, Deine Haltung und Deine Verhaltensweisen entwickeln sich zu Deinem Vorteil, wenn Du das wissenschaftliche Arbeiten zu einem Teil von Dir werden lässt. Dein Studium bietet Dir die Chance dazu. Und davon profitierst Du ein Leben lang. Schauen wir auf die drei wesentlichen Merkmale eines wissenschaftlichen Mindsets und welche Vorteile Dir daraus erwachsen.

ERSTENS: Bildung, die Haltung und der Antrieb, lebenslang zu lernen

Wissenschaft schafft Wissen. Nicht nur im allgemeinen Sinn, sondern ganz konkret. Du eignest Dir Fachwissen an und lernst dabei, wie man lernt. Du gewinnst Zuversicht in Bezug auf das Lernen, Freude und Selbstbestätigung. Paradoxerweise ist es nicht so, dass Wissen satt macht, sondern das Gegenteil ist der Fall: Je mehr Du weißt, desto mehr weißt Du gleichzeitig darüber, was Du alles nicht weißt. Je mehr Wissen Du hast, desto tiefer ist Dein Verständnis für die Limitierungen des eigenen Denkens und für die Vorläufigkeit wissenschaftlicher Ergebnisse. Und das macht hungrig auf das Lernen von Neuem. Nervenverbindungen entwickeln sich beim Lernen (und beim Tun) ein Leben lang neu. Unabhängig davon, ob Du im Alter eine neue Sprache lernen willst (oder musst), ob Du Aquarellmalen erlernen möchtest oder ob Du für einen Bootsführerschein Prüfungsfragen auswendig lernen willst – die Offenheit, die Befähigung sowie die Lust, Neues lernen zu wollen, bereichert Dein Leben und stärkt Dich. Im Hinblick auf die Berufswelt ist die Fähigkeit, lebenslang zu lernen, ohnehin unabdingbar (geworden). Während Fachwissen und routinemäßige Wiederholung in einer zunehmend vernetzten, automatisierten und digitalisierten Arbeitswelt und Wissensgesellschaft an Bedeutung verloren haben, ist Lernen als Fähigkeit und Wert wichtiger geworden. Nicht das Abrufen von Wissen (das können Computer besser), sondern die Aneignung und Neuverknüpfung von bestehendem Wissen sind gefragt.

ZWEITENS: Analytische Kreativität und die Fähigkeit, Bezüge herzustellen und Neues zu schaffen

Zusammenhänge zu erkennen, herzustellen und auf der Basis von bestehendem Wissen aus einer besonderen Perspektive zu problematisieren, das ist es, was wissenschaftliches Arbeiten im Kern ausmacht. Diese Zusammenhänge können entweder gänzlich neu sein oder aber auf dem Wege hergestellt werden, dass ein veränderter Blickwinkel auf vorhandene Themen eingenommen wurde. Zentral dafür ist zum einen die Fähigkeit, genau zu beobachten und dabei Verbindungen zu entdecken und zu benennen, einerseits sowie andererseits die Fähigkeit, Fragen aufwerfen zu können. Hierin liegt die eigentliche kreative Kraft. Während die Umsetzung (also die Beantwortung der aufgeworfenen Fragen) mit geübten Verfahren durchgeführt werden kann, liegt das schöpferische Element in der Frage selbst. Wem es gelingt, ob im Beruf oder im Privaten, fragend voranzuschreiten, wird ganz selbstverständlich in einen proaktiven Prozess eintreten, der zwar natürlich nicht automatisch ohne Irrwege ablaufen wird, aber stets entwicklungsorientiert ist, so dass Fortschritt möglich wird.

DRITTENS: Datenkompetenz, der Wille und die Fähigkeit, mit Informationen souverän umzugehen, sie zu deuten und zu kommunizieren

In einer Zeit, in der immer größer werdende Datenmengen auf einfache Weise abrufbar sind, gewinnt die Fähigkeit, Daten zu sichten, auszuwählen und zu bewerten, immer mehr Gewicht. Die wissenschaftliche Denkweise zeichnet sich dadurch aus, kritisch auf jedwede Quelle zu blicken und sie qualifiziert zu beurteilen, was ihre unabhängige Herkunft, Gültigkeit und Verlässlichkeit betrifft. Und datengetrieben sind heutzutage beinahe alle Lebensbereiche. Im Bereich Medien und Kommunikation schlägt die Kompetenz, mit Informationen souverän umgehen zu können, vielleicht am meisten zu Buche, indem die wissenschaftliche Denkweise Nachrichtenprozesse begleitet, bestimmt, teils filtert. Hinzu kommen die Fähigkeiten der Recherche und des Schreibens, die in fast jedem modernen Berufsbild eingefordert werden, obgleich mancherorts „errechnen" und „programmieren" dazu gesagt wird, anderenorts „ermitteln" und „berichten" oder „analysieren" und „protokollieren". Daten zu finden, sie erklärend zu verstehen, je nach Anlass entsprechend zu bewerten und adressatengerecht in Sprache zu gießen: Wer wissenschaftlich zu denken und zu arbeiten vermag, ist dazu in der Lage und wird davon immer profitieren.

Der Sieben-Tage-Notfallplan mit der Nine-to-five-Methode

Wenn Du direkt mit diesem Kapitel startest, ohne die vorangegangenen Kapitel gelesen zu haben, dann hast Du es offenbar eilig – und das ist kein Problem. Der Sieben-Tage-Notfallplan ist so angelegt, dass Du das Wissen aus den vorangegangenen Kapiteln nicht zwingend benötigst (obwohl es Dir sehr helfen würde), um eine gute Studienarbeit anzufertigen. Bevor wir beginnen (es gibt keine Zeit zu verlieren), sind einige Worte über den Plan selbst notwendig, in gewisser Weise als Lese- und Arbeitsanleitung.

WIE DU DIESEN PLAN BENUTZT – eine kurze Anleitung

Halte Dich an die Schritte dieses Plans und Du wirst ein gutes Ergebnis erzielen: **sieben Tage von 9 bis 17 Uhr, und dann hast Du es geschafft**. So lautet das Versprechen, das ich Dir auf der Grundlage meiner eigenen Erfahrungen als Forscher, Dozent und Autor geben kann, wenn Du Dich an den Plan hältst. Insofern ist dieser das Ergebnis aller Überlegungen, Ratschläge und Hinweise, die Du in den vorangegangenen Kapiteln kennengelernt hast.

Erstens: Der Plan ist ein Konzentrat – und als solcher zu behandeln. Es mag also sein, dass an der einen oder anderen Stelle etwas verdünnt werden muss, damit Du die für Dich richtige Mischung erhältst. Die wesentlichen Bestandteile sind aber alle bereits enthalten. An ihnen hast Du eine feste Orientierung, die Dich sicher ans Ziel bringen wird. Das ändert sich auch nicht, falls Du einzelne Schritte leicht variierst und an Deine besonderen Bedürfnisse und Anforderungen anpasst.

Zweitens: Verwechsle Anstrengung nicht mit Stress. Da sich der Plan an die Nine-to-five-Methode hält – Du also nicht vor 9 Uhr morgens zu arbeiten beginnen brauchst und um 17 Uhr Deine Arbeit an der Studienarbeit endet –, gelangst Du stressfrei zum gewünschten Ergebnis. Mühelos sind die acht Stunden tägliche Arbeitszeit allerdings nicht. Ohne Anstrengung gibt es keine guten Ergebnisse. Es wird nie anders sein.

Drittens: In der akademischen Welt wird häufig die Nase gerümpft, wenn Wissenschaftler einfach formulieren, Wert auf Verständlichkeit legen, gar konkrete Fahrpläne für gutes wissenschaftliches Arbeiten verfassen. Lasst Dich nicht aus der Ruhe bringen. Der überwiegend so dahergeraunte Vorwurf „Das ist doch nicht wissenschaftlich" entstammt meistens der Tatsache, dass derjenige, der den Vorwurf vorbringt, keine Lust hat, sich mit den Inhalten zu beschäftigen oder die Konzentration eines solch kurzen Plans kritisiert, die aber vom Autor ja genauso beabsichtigt ist, damit sie Dir und allen anderen Studierenden ganz praktisch hilft und nicht nur theoretisch. Insofern: Dieser Plan ist wissenschaftlich. Dafür stehe ich auch vor dem Hintergrund meines Berufsweges.

GOLDENE TIPPS für sieben produktive Tage

Es gilt, sämtliche Ablenkungen zu minimieren, Störfaktoren bestmöglich auszuschalten und gezielt zu priorisieren, damit Du entlastet wirst und das Wesentliche in Deinen Fokus rückt: Deine Studienarbeit, die in den nächsten sieben Tagen zu verfassen ist.

Diese einfachen Hinweise helfen Dir dabei.

Bevor Du den Sieben-Tage-Plan beginnst:

- **Versichere Dich, dass Dein Computer einwandfrei funktioniert.** Nichts ist ärgerlicher, als mit beispielsweise Software-Updates Zeit zu vergeuden. Dein Schreib- und Textverarbeitungsprogramm muss zuverlässig laufen.
- **Checke, ob Deine Bibliothekspässe, Uni-Ausweise etc. gültig sind.** Wenn Du kurzfristig ein spezielles Buch ausleihen möchtest oder aus einem bestimmten Fachmagazin drucken oder etwas scannen möchtest, sollte das möglich sein, ohne dass Deine Ausweise oder Guthaben abgelaufen sind.
- **Informiere Deine Freunde und Deine Familie darüber, dass Du in den nächsten Tagen wegen Deiner Studienarbeit nur abends zu erreichen sein wirst.** Gerade, weil sie Freunde sind beziehungsweise zur Familie gehören, werden sie Verständnis dafür haben, Dich bestärken und nicht mit Nebensächlichkeiten auf Dich zukommen.

- **Sag alle Termine** für die nächsten sieben Tage **ab, die nicht zwingend notwendig sind.** Du brauchst Deine Kraft und Deine Konzentration für die achtstündigen Arbeitsphasen. Daher solltest Du Dich anschließend jeweils ausruhen und erholen und nicht zu Terminen eilen müssen, die Du um eine Woche verschieben kannst. Einzig sehr wichtige Arzttermine sind davon ausgenommen. Alle anderen Termine – ob beim TÜV, beim Frisör, beim Kosmetiker, bei der Bank, bei der Versicherung oder beim Sportverein – kannst und solltest Du verschieben.
- **Gehe nochmal einkaufen, kaufe idealerweise genug für eine ganze Woche.** Der Einkauf im Supermarkt ist ein Zeit- und damit auch Energiefresser. Plane, was Du für sieben Tage benötigst, und kaufe gezielt diese Lebensmittel ein. Ernähre Dich ausgewogen, aber nimm Dir die Freiheit, Deine Ernährung für die nächsten sieben Tage etwas weniger hoch zu priorisieren als sonst.
- **Entspann Dich und vertraue auf Deine Fähigkeit, den Plan durchzuziehen.** Sollten negative Gedanken und Zweifel aufkommen, was beim Schreiben von Studienarbeiten sowie beim Schreiben von Texten insgesamt eher die Re-

gel als die Ausnahme ist, bleib gelassen und zuversichtlich. Lass Zweifel einfach vorbeiziehen, ohne ihnen Aufmerksamkeit zu schenken.

Während Du den Sieben-Tage-Plan durchläufst:

- **Schalte Dein Handy in den Flugmodus.** In den Arbeitsphasen nicht erreichbar zu sein, bedeutet, dass Du rein rechnerisch 16 Stunden am Tag Dein Handy wie gewohnt nutzen kannst. Der Verzicht ist also überschaubar, der Gewinn groß: Ruhe und Konzentration.
- **Verzichte auf Nachrichten jedweder Art.** Das gilt wiederum nur für die achtstündigen Arbeitsphasen, selbst wenn das ganz allgemein ein guter Hinweis für mehr Ruhe und Fokus im Leben ist: Deaktiviere sämtliche Benachrichtigungen, die Dich online erreichen. Push-Nachrichten und *notifications* jeglicher Art stören, lenken ab und rauben Aufmerksamkeit. Alle Social-Media-Kanäle sollten ruhen.
- **Trinke keinen Alkohol** (und konsumiere natürlich ebenso wenig andere Drogen). Auch hier geht es um Ablenkung, die vermieden werden muss, aber vor allem um den Erhalt Deiner Konzentration und Leistungsfähigkeit,

die durch Drogen eingeschränkt und herabgesetzt wird. Statt darüber nachzudenken, wie man sich mit schädlichen Mitteln pushen könnte, sollte der Fokus auf die Studienarbeit gerichtet werden.

- **Schlafe acht Stunden.** Ruhe und Belastung müssen in einem sinnvollen Verhältnis stehen und sich deshalb abwechseln. Im Schlaf ruhen Körper und Geist, sind aber nicht untätig: Erholung sowie die Sedimentierung von Erlerntem (das „Sackenlassen") finden dabei statt.
- **Übe keinen hochbelastenden Sport aus.** Bewegung als Ausgleich zu langen Schreibtischphasen ist wohltuend und förderlich, allerdings nicht, wenn man sich sehr starken Belastungen aussetzt. Hochintensive Fitness- und Kraftsporteinheiten, bei denen blaue Augen, gebrochene Rippen oder starker Muskelkater entstehen könnten, können nach Abgabe der Studienarbeit wieder absolviert werden. Sportarten mit hoher Verletzungsgefahr sollten pausieren.

TAG 1

9 bis 10 Uhr Führe eine Bestandsaufnahme durch von dem, was Du hast

- Du verschaffst Dir eine Übersicht über all das Material, das Dir zum jetzigen Zeitpunkt vorliegt. Blättere durch die Seiten, lies quer, lies die Überschriften, so dass Du einen Gesamtüberblick gewinnst. Zu Deinem Material können unter anderem zählen:

    - Texte
    - Mitschriften
    - Reader
    - Mappen
    - Präsentationen
    - Schaubilder und Grafiken
    - Studien
    - Kommentare
    - Thesenpapiere
    - Essays
    - Referate
    - Kopien
    - Notizen

- Wenn Dir eine Forschungsfrage für Deine Studienarbeit bereits vorgegeben wurde, dann sortierst Du anschließend das vorhandene Material nach Relevanz für die Beantwortung dieser Frage.

10 bis 11 Uhr Tabula rasa – Lösche unbarmherzig

- Material, das Du für nicht relevant hältst, sortierst Du aus. Es verschwindet aus Deinem Sichtfeld. Du brauchst einen freien Schreibtisch. Betrachte es emotionslos: Für eine 15-seitige Studienarbeit benötigst Du etwa 5.000 Wörter.
- Weniger ist mehr: Arbeite mit weniger, dafür guten Quellen (Artikel, Studien, Essays), die wirklich relevant für Dein Thema sind und lasse die anderen beiseite. Das ist kein schlechtes Zeichen, sondern vollkommen in Ordnung.

11 bis 12 Uhr Leg alle Ratgeber weg, sie halten nur auf

- Eliminiere die Verwirrung. Lies nicht weiter in Ratgebern über das wissenschaftliche Arbeiten, sondern beginne einfach damit, wissenschaftlich zu arbeiten.

- Grüble nicht mehr über Formalia, sondern entscheide Dich. Zitierweise, Layout, Darstellungsweise von Quellenangaben etc. müssen fehlerfrei, aber vor allem einheitlich sein. Was Deiner Arbeitsweise entgegenkommt, ist zu wählen.
- Du hast bereits eine grobe Gliederung und Du kennst sie: Die Aufteilung „Einleitung – Hauptteil – Schluss" ist unschlagbar. Sie mit gutem Inhalt zu füllen, ist die Aufgabe.

12 bis 13 Uhr Mittagspause

13.00 bis 14 Uhr Zeitungslektüre

- Du blätterst in Deiner Bibliothek rasch durch alle Tageszeitungen, die Du finden kannst – von der ersten bis zur letzten Seite. Findest Du etwas, das mit Deinem Thema zu tun hat, machst Du von der Zeitungsseite ein Foto mit Deinem Handy.

14 bis 16 Uhr Benutze aktuelle Studien als Herzstück Deiner Arbeit

- Du hast ein Thema (gegebenenfalls sogar schon eine Forschungsfrage, wenn Du sie vorgegeben bekommen hast). Du hast einen relevanten Text aus Deinem Material bestimmt. Und Du hast eine grobe Gliederung (Einleitung, Hauptteil, Schluss). Als Herzstück Deiner Arbeit verwendest Du eine aktuelle Studie, die mit Deinem Thema in Verbindung steht. Recherchiere diese aktuelle Studie und besorge Dir ihren Abschlussbericht.

- Beispiel: Dein Thema lautet „Jugendkriminalität in deutschen Großstädten". Dazu hast Du aus Deinem Material einen Aufsatz als relevanten Text ausgewählt, in dem der Entwicklung der Jugendkriminalität in den vergangenen zehn Jahren nachgegangen wird und der Autor zu dem Ergebnis gelangt, dass Nachteile in den Bereichen Bildung und Sprache die Wahrscheinlichkeit unter jungen Menschen erhöhen, straffällig in Erscheinung zu treten. In Deiner Studienarbeit kontrastierst Du seine Ergebnisse mit aktuellen Daten. Diese können beispielsweise aus einer Befragung in einem sogenannten Problembezirk stammen. Sie können aus einem bundesweiten Bildungsmonitor gewonnen werden. Oder sie können aus einer Onlineumfrage unter Jugendlichen hervorgehen. Bereits wenn Du „Studien, Jugendliche, Gewalt" googelst, wirst

Du auf Berichte über aktuelle Studien stoßen. Auch wenn Du „Kriminalität, Sprache, Bildung" googelst, erhältst Du aktuelle Treffer.

- Alternativ kannst Du gerne zwei aktuelle Studien recherchieren und ihre Ergebnisse in Deiner Studienarbeit miteinander vergleichen. Dann würden sich Anteil und Bedeutung des relevanten Textes aus Deinem Material entsprechend verringern.

16.00 bis 16.15 Uhr Kurze Pause

16.15 bis 17 Uhr Organisation und Gespräche

- Du bittest einen guten Freund, dass er sich in drei Tagen Zeit freihalten möge, um Deine Arbeit Korrektur zu lesen. Dabei berichtest Du ihm in dem Telefonat von Deinem Thema und der aktuellen Studie, die Du dazu recherchiert hast.
- Verzichte aber darauf, nach grundsätzlichen Ratschlägen zu fragen, sondern bitte Deinen Freund einzig darum, Dir zuzuhören.

Ab 17 Uhr Feierabend

- Warum nicht etwas Sport und Bewegung am Abend?

TAG 2

9-12 Uhr Du beginnst, Dein *Quick-and-Dirty*-Exposé zu verfassen

- Lege Deine Forschungsfrage, Deine Hauptquellen, Deine Methode und Dein Vorgehen fest.

    - So einfach wie möglich
    - So spezifisch wie möglich
    - So wenig Quellen wie möglich, so viele wie nötig
    - So eindeutig wie möglich
    - So klar strukturiert wie möglich
    - Alles unterwirft sich Deiner Forschungsfrage!

- Beginne mit dem Exposé. Folgende sieben Überschriften gliedern Dein Exposé, das insgesamt 2 bis 4 Seiten umfassen soll (bei einer Studienarbeit von 15 bis 20 Seiten Gesamtlänge). Beantworte die einzelnen Unterfragen ausführlich und präzise. Der Text des fertigen Exposés verwendest Du später als Deine Einleitung, also formuliere Deine Sätze direkt aus. Achte auf den roten Faden.

1. Beschreibung des Untersuchungsgegenstandes

   - Was ist das Thema Deiner Arbeit?
   - Wie lauten die zentralen Begriffe und wie definierst Du sie?
   - Weshalb ist das Thema (für Dein Fach) (und für Dich) von Bedeutung?

2. Zentrales Forschungsinteresse

   - Was genau möchtest Du innerhalb Deines Themas herausfinden?

3. Darstellung des Forschungsstandes

   - Welche sind die zwei bis drei wichtigsten Werke zu Deinem Thema?
   - Was ist ihr Inhalt?
   - Gibt es in der Forschungsliteratur zu Deinem Thema Lücken beziehungsweise Häufungen?

4. Forschungsfrage

   - Vor dem Hintergrund Deines Forschungsinteresses und des Forschungsstandes formulierst Du Deine Forschungsfrage, die sich letztlich konsequent logisch aus der Betrachtung ergibt.

5. Daten und Quellen

- Welche Daten und Quellen nutzt Du zur Beantwortung Deiner Forschungsfrage?
- Welchen Vorteil haben ausgerechnet die von Dir ausgewählten Daten und Quellen?
- Was sind ihre Nachteile, wie könnten sie sich auf das Ergebnis auswirken und wie gehst Du damit um?

6. Methodisches Vorgehen

- Auf welche Weise wertest Du Deine Quellen und Daten aus?
- Mit welchen Schritten gelangst Du zu Deinen Ergebnissen?
- Welche Vor- und welche Nachteile gehen mit Deinem Vorgehen einher?

7. Aufbau der Arbeit

- Wie gliederst Du Deine Arbeit und warum gliederst Du sie so?
- Welche Nachteile könnten mit Deinem Aufbau der Arbeit verbunden sein?

- Nutze Onlinerecherche.
- Nur für die Punkte 1, 3 und 6 benötigst Du eigenständige Literatur. Jeweils drei Verweise genügen.
- Bei Punkt 5 schreibst Du über die von Dir gestern recherchierte(n) Studie(n).

12 bis 13 Uhr Mittagspause

13.00 bis 14 Uhr Fachzeitschriften

- Du blätterst durch die aktuellen Ausgaben der Fachzeitschriften, die in Deiner Bibliothek in Printversionen vorhanden sind. Findest Du etwas, das mit Deinem Thema zu tun hat, machst Du von der Seite der Zeitschrift ein Foto mit Deinem Handy.

14 bis 15 Uhr Du beendest Dein *Quick-and-Dirty*-Exposé

- Achte darauf, dass Du Deine Sätze ausformulierst.
- Denk daran, dass sich die Punkte 1 bis 7 alle logisch entwickeln und aufeinander aufbauen sollten.
- Zitiere korrekt und schreibe von Anfang an druckreif.

15 bis 15.15 Uhr Pause

15.15 bis 17 Uhr Beginn den Hauptteil mit der Überschriftentechnik

- Dein Exposé gibt vor, was Du im Hauptteil zu schreiben hast.
- Bei einer Gesamtlänge Deiner Studienarbeit von 15 Seiten kalkulierst Du mit einem Hauptteil im Umfang von 10 Seiten.
- Arbeite mit der Überschriftentechnik!
- Und die geht so: Aus Deinem Material beginnst Du nun, insgesamt 20 Überschriften zu formulieren.
- Zu jeder Überschrift wirst Du später eine halbe Seite Text schreiben, was jeweils in etwa drei bis fünf Sätzen entspricht.
- Jeder der 20 Überschriften ordnest Du direkt eine Quellenangabe zu, die den Inhalt der Überschrift belegt. Wichtig ist: Die Überschriften formulierst Du selbst in Deinen eigenen Worten. Verzichte zunächst auf Zitate.
- Du formulierst also 20 Überschriften, aus denen Du hinterher einen roten Faden bildest.
- Die Überschriftentechnik sorgt dafür, dass Du passgenau und effizient arbeitest und den roten Faden behältst. Beginne, die Überschriften zu formulieren.

Eine Überschrift kann dabei aus einer Beobachtung, einem Ergebnis, einer Erkenntnis, einem Vergleich oder Ähnlichem aus Deinem Material bestehen.

Greifen wir das oben genannte Beispielthema Deiner Studienarbeit „Jugendkriminalität in deutschen Großstädten" auf. Nehmen wir an, Du hast Dich für zwei Hauptquellen entschieden, einen Grundlagenaufsatz eines Professors X sowie eine aktuelle Studie/Umfrage, die kürzlich in Köln durchgeführt und veröffentlicht wurde. Diese ausgedachten Beispielüberschriften illustrieren das Prinzip:

1. Jugendkriminalität und Armut: Dass Kriminalität unter Jugendlichen stets mit dem Aspekt der Armut verbunden ist, argumentiert Prof. X und verweist dabei auf zahlreiche Studien.
2. Stadt und Land: Für Prof. X ist Jugendkriminalität insbesondere ein städtisches Phänomen.
3. Faktor Alter: Verglichen zu früher werden laut Prof. X die Täter immer jünger.
4. Laut Studie ist die Jugendkriminalität in Köln rückläufig, was auf eine bessere Präventionsarbeit zurückgeführt wird.
5. Ladendiebstahl und Sachbeschädigung sind dabei besonders stark in den Hintergrund getreten, hat die Studie ermittelt.

6. Straftaten im Bereich der Körperverletzung sind jedoch konstant geblieben, wie die Studie darlegt.

Ab 17 Uhr Feierabend

Warum nicht einen Film anschauen, der einen Bezug zum Thema Deiner Studienarbeit hat?

TAG 3

9 bis 12 Uhr Formuliere Deine Überschriften zu Ende und sortiere sie

- Du schreibst weiter Überschriften, bis Du 20 zusammenhast.
- Du bringst diese 20 Überschriften in eine Reihenfolge.

Aus dem oben genannten Beispiel könnte folgende Reihenfolge gebildet werden:

2. Stadt und Land: Für Prof. X ist Jugendkriminalität insbesondere ein städtisches Phänomen.

4. Laut Studie ist die Jugendkriminalität in Köln rückläufig, was auf eine bessere Präventionsarbeit zurückgeführt wird.

1. Jugendkriminalität und Armut: Dass Kriminalität unter Jugendlichen stets mit dem Aspekt der Armut verbunden ist, argumentiert Prof. X und verweist dabei auf zahlreiche Studien.

5. Ladendiebstahl und Sachbeschädigung sind dabei besonders stark in den Hintergrund getreten, hat die Studie ermittelt.

6. Straftaten im Bereich der Körperverletzung sind jedoch konstant geblieben, wie die Studie darlegt.

3. Faktor Alter: Verglichen zu früher werden laut Prof. X die Täter immer jünger.

- Die Reihenfolge ist Deine Entscheidung. Welche Dir logischer erscheint für Deine Gedanken solltest Du verwenden.
- Wichtig ist, dass die sortierten Überschriften einen roten Faden haben. Ebendiesen stellst Du selbst her.
- Du wirst bei der Sortierung der Überschriften merken, an welchen Stellen Du entweder noch weitere Informationen benötigst und/oder die Überschrift etwas anpassen musst. Tu das, ohne Deine Überschriften komplett wieder zu verwerfen.

12 bis 13 Uhr Mittagspause

13 bis 13.30 Uhr Social-Media-Recherche

- Du durchsuchst die sozialen Medien nach aktuellen Nachrichten, Meinungen, etc. zu Deinem Thema. Findest Du etwas, das mit Deinem Thema zu tun hat, machst Du ein Foto beziehungsweise einen Screenshot davon.

13.30 bis 16.30 Uhr Du beginnst, die Überschriften auszuformulieren

- Schreibe blockweise und beginne mit der ersten Überschrift.
- Du hast nun nacheinander 20 Blöcke à 3 bis 5 Sätze zu schreiben.
- Schreibe in Deiner Sprache!
- Heute schreibst Du die Blöcke 1 bis 6. (Eine kurze Pause von 15 Minuten ist gestattet.)

16.30 bis 17 Uhr Uhr Du telefonierst

- Du rufst bei einem Familienmitglied an, beispielsweise bei Deiner Oma, und erklärst ihr, worum es in Deiner Hausarbeit geht, was konkret Du heute geschrieben hast und was Du daran besonders interessant findest. (Alternativ kannst Du Sprachnachrichten verschicken.)

Ab 17 Uhr Feierabend

TAG 4

9 bis 12 Uhr Weiterschreiben

- Du schreibst die Blöcke 7 bis 13.

12 bis 13 Uhr Mittagspause

13 bis 17 Uhr Den Hauptteil zu Ende schreiben

- Du schreibst die Blöcke 14 bis 20.

Ab 17 Uhr Feierabend

TAG 5

9 bis 10 Uhr Korrigieren des Hauptteils

- Du liest und korrigierst die von Dir geschriebenen 20 Blöcke.

10 bis 12 Uhr Zusammenführung von Einleitung und Hauptteil

- Du machst aus Deinem Exposé nun Deine Einleitung, indem Du Anpassungen vornimmst, falls diese notwendig sind, und fügst sie mit dem Hauptteil in einem Dokument zusammen.

12 bis 13 Uhr Mittagspause

13 bis 15 Uhr Fazit schreiben

- Du verfasst einen weiteren Block (also eine halbe Seite) als kurzes und prägnantes Fazit beziehungsweise als Zusammenfassung Deiner Arbeitsergebnisse. Du beantwortest dabei Deine Forschungsfrage und nimmst eine Wertung vor.

15 bis 17 Uhr Fazit abschließen und Lektüre des Gesamtmanuskripts

- Du nimmst Deine Screenshots und Handyfotos hervor und bewertest das Ergebnis Deiner Hausarbeit im Lichte einer Aktualität (eines Zeitungsberichts, eines Fachaufsatzes, eines Social-Media-Beitrags). Darüber schreibst Du einen weiteren Block mit drei bis fünf Sätzen für das Fazit Deiner Hausarbeit.
- Anschließend liest Du Deine Arbeit gründlich durch und korrigierst Fehler.

17 Uhr Manuskript gegenlesen lassen

- Du sendest Deinem Freund Deinen Text zum Korrekturlesen.

TAG 6

9 bis 11 Uhr Inhaltsverzeichnis, Deckblatt, Literaturverzeichnis

- Du kümmerst Dich um das Inhaltsverzeichnis, während Dein Freund Korrektur liest.
- Du fertigst das Deckblatt Deiner Hausarbeit an.
- Du erstellst das Literaturverzeichnis.

11 bis 12 Uhr Organisatorisches: Ausdruck, Mailentwurf

- Du checkst und vergewisserst Dich, wo und wann Du Deine Hausarbeit ausdrucken und binden lassen kannst (sofern notwendig).
- Du schreibst die Mail mit der Übergabe der Hausarbeit an Deinen Dozenten jetzt bereits vor und legst sie im Entwürfe-Ordner Deines Mailpostfaches ab.

12 bis 13 Uhr Mittagspause

13 bis 17 Uhr Finalisierungsphase I

- Überarbeitung der Anmerkungen, die Dein Freund beim Korrekturlesen gemacht hat.

Ab 17 Uhr Feierabend

TAG 7 (Abgabetag)

9 bis 12 Uhr Finalisierungsphase II

- Du druckst alle Seiten Deiner Arbeit aus und liest sie ganz in Ruhe durch.
- Stimmen alle Daten? Sind alle Namen richtig geschrieben? Ist das Literaturverzeichnis in Ordnung? Sind Zeilen verrutscht? Sind die Nummerierungen korrekt? Stimmen Formatierung und Satz?
- Du fertigst eine PDF-Datei an und benennst sie, beispielsweise „Kurztitel der Studienarbeit, Vorname Nachname, Datum").

12 bis 13 Uhr Mittagspause

13 bis 15 Uhr Ausdruck, Abgabe, Mailversand und Co.

- Du lässt Deine Arbeit drucken und binden (falls notwendig).
- Du hängst der Mail in Deinem Entwürfe-Ordner die fertige PDF-Datei Deiner Studienarbeit an und sendest sie ab.

SCHLUSS

Ratgeber wie dieses Buch, das Du gerade gelesen hast, sind nur dann wirklich sinnvoll, wenn ihre Inhalte reale Anwendung finden. Theorie braucht Praxis und umgekehrt. Worte bleiben ohne entsprechende Taten lediglich Worte. Insofern hoffe ich, dass möglichst vieles von dem, was in diesem Buch dargelegt wurde, von Dir ganz konkret mit Gewinn eingesetzt werden kann. Mit dem Schritt-für-Schritt-Plan, wie Du eine Studienarbeit in nur sieben Tagen verfasst, hast Du eine Anleitung an die Hand bekommen, die Dich an Dein Ziel bringt. Dringend rate ich allerdings zum langfristigen Arbeiten. Der Notfallplan sollte die Ausnahme sein und nicht der Regelfall werden. Es ist wichtig, dass Du Dich mit den Grundlagen des wissenschaftlichen Arbeitens gründlich beschäftigst. Die Lektüre dieses Buches sollte hier erst der Anfang sein. Die Literatur zum Thema des wissenschaftlichen Arbeitens insgesamt – einige Hinweise findest Du am Ende dieses Buches – ist kaum mehr zu überschauen, das Angebot mehr als reichlich. Entscheidender ist jedoch, dass Du Dein gelerntes Wissen anwendest, dass Du schnell eigene Erfahrungen sammelst, Dich ausprobierst, korrigierst und verbesserst, indem Du selbst wissenschaftliche Arbeiten anfertigst.

Wenn dieses Buch nur eine einzige Botschaft transportieren würde, dann wäre mir diese die liebste: Habe den Mut zu schreiben, selbst zu denken, zu forschen und Ergebnisse in Deinen eigenen Worten zu formulieren. Es lohnt sich!

LITERATURHINWEISE

Dieses Buch basiert auf eigenem Wissen und persönlichen praktischen Erfahrungen. Dennoch können folgende allgemeine Literaturhinweise gegeben werden:

Berger, Helga: Schritt für Schritt zur Abschlussarbeit. Gliedern – formulieren – formatieren, Paderborn 2019.

Eco, Umberto: Wie man eine wissenschaftliche Abschlußarbeit schreibt, Heidelberg 2007.

Esselborn-Krumbiegel, Helga: Von der Idee zum Text. Eine Anleitung zum wissenschaftlichen Schreiben, Paderborn 2021.

Kornmeier, Martin: Wissenschaftlich schreiben leicht gemacht für Bachelor, Master und Dissertation, Bern 2008.

May, Yomb: Kompaktwissen Wissenschaftliches Arbeiten. Eine Anleitung zu Techniken und Schriftform, Ditzingen 2010.

Mayer, Philipp: 300 Tipps fürs wissenschaftliche Schreiben, Paderborn 2015.

Theisen, Manuel René: Wissenschaftliches Arbeiten. Erfolgreich bei Bachelor- und Masterarbeit, München 2021.

Voss, Rödiger: Wissenschaftliches Arbeiten ... leicht verständlich!, München 2022.

Printed in Poland
by Amazon Fulfillment
Poland Sp. z o.o., Wrocław

20400792R10092